Gaby Falk

Das große Lesebuch für schlaue Katzen

Herausgeberin: Gaby Falk
Gesamtproducing & Bildredaktion: Hans-Joachim Schneider
Gesamtherstellung: KOMET Verlag GmbH, Köln

ISBN 978-3-86941-163-7

www.komet-verlag.de

Gaby Falk

Das große Lesebuch für schlaue Katzen

KOMET

Der arme Müllerbursch und das Kätzchen

In einer Mühle lebte ein alter Müller, der hatte weder Frau noch Kinder und drei Müllerburschen dienten bei ihm. Wie sie nun etliche Jahre bei ihm gewesen waren, sagte er eines Tages zu ihnen: „Ich bin alt und will mich hinter den Ofen setzen; zieht aus, und wer mir das beste Pferd nach Hause bringt, dem will ich die Mühle geben, und er soll mich dafür bis an meinen Tod verpflegen."

Der dritte von den Burschen war aber der Kleinknecht, der ward von den andern für albern gehalten, dem gönnten sie die Mühle nicht; und er wollte sie hernach nicht einmal.

Da zogen sie alle drei miteinander aus, und wie sie vor das Dorf kamen, sagten die zwei zu dem albernen Hans: „Du kannst nur hier bleiben, du kriegst dein Lebtag keinen Gaul." Hans aber ging doch mit, und als es Nacht war, kamen sie an eine Höhle, da hinein legten sie sich schlafen.

Die zwei Klugen warteten, bis Hans eingeschlafen war, dann standen sie auf, machten sich fort und ließen Hänschen liegen, und meinten's recht fein gemacht zu haben; ja, es wird euch doch nicht gut gehen!

Wie nun die Sonne kam und Hans aufwachte, lag er in einer tiefen Höhle; er guckte sich überall um und rief: „Ach Gott, wo bin ich?"

Da erhob er sich und krabbelte die Höhle hinauf, ging in den Wald und dachte: „Ich bin hier ganz allein und verlassen, wie soll ich nun zu einem Pferde kommen?“ Indem er so in Gedanken dahinging, begegnete ihm ein kleines, buntes Kätzchen, das sprach ganz freundlich: „Hans, wo willst du hin?“ „Ach, du kannst mir doch nicht helfen“, antwortete Hans. „Was dein Begehren ist, weiß ich wohl“, sprach das Kätzchen, „du willst einen hübschen Gaul haben. Komm mit mir und sei sieben Jahre lang mein treuer Knecht, so will ich dir einen geben, schöner als du dein Lebtag einen gesehen hast.“ „Nun, das ist eine wunderliche Katze“, dachte Hans, „aber sehen will ich doch, ob das wahr ist, was sie sagt.“

„Das ist eine wunderliche Katze. Sehen will ich, ob es wahr ist, was sie sagt.“

Da nahm sie ihn mit in ihr verwünschtes Schlösschen und hatte da lauter Kätzchen, die ihr dienten; die sprangen flink die Treppe auf und ab, waren lustig und guter Dinge. Abends, als sie sich zu Tisch setzten, mussten drei Musik machen; eins strich den Bass, das andere die Geige, das dritte setzte die Trompete an und blies die Backen auf, so sehr es nur konnte. Als sie gegessen hatten, wurde der Tisch weggetragen, und die Katze sagte: „Nun komm, Hans, und tanze mit mir.“ „Nein“, antwortete er, „mit einer Miezekatze tanze ich nicht, das habe ich noch niemals getan.“ „So bringt ihn ins Bett“, sagte sie zu den Kätzchen.

Da leuchtete ihm eins in seine Schlafkammer, eins zog ihm die Schuhe aus, eins die Strümpfe, und zuletzt blies eins das Licht aus. Am andern Morgen kamen sie wieder und halfen ihm aus dem Bett; eins zog ihm die Strümpfe an, eins band ihm die Strumpfbänder, eins holte die Schuhe, eins wusch ihn, und eins trocknete ihm mit seinem Schwanz das Gesicht ab. „Das tut recht sanft“, sagte der Hans.

Er musste aber auch der Katze dienen und alle Tage Holz klein machen; dazu kriegte er eine Axt von Silber, und die Keile und Säge von Silber, und der Schläger war von Kupfer. Nun, da machte er's klein, blieb da im Haus, hatte sein gutes Essen und Trinken, sah aber niemand als die bunte Katze und ihr Gesinde.

Einmal sagte sie zu ihm: „Geh hin und mähe meine Wiese und mache das Gras trocken“, und gab ihm von Silber eine Sense und von Gold einen Wetzstein, hieß ihn aber auch alles wieder richtig abliefern. Da ging Hans hin und tat, was ihm geheißen war; nach vollbrachter Arbeit trug er Sense, Wetzstein und Heu nach Haus und fragte, ob sie ihm noch nicht seinen Lohn geben wollte. „Nein“, sagte die Katze, „du sollst mir erst noch einerlei tun; da ist Bauholz von Silber, Zimmeraxt, Winkeleisen und was nötig ist, alles von Silber, daraus baue mir erst ein kleines Häuschen.“ Da baute Hans das Häuschen fertig und sagte, er hätte nun alles getan und hätte noch kein Pferd.

Doch waren ihm die sieben Jahre herumgegangen wie ein halbes. Da fragte die Katze, ob er ihre Pferde sehen wollte. „Ja“, sagte Hans. Da machte sie ihm das Häuschen auf, und wie sie die Tür so aufmacht, da stehen zwölf Pferde, ach,

die waren ganz stolz gewesen, die hatten geblänkt und gespiegelt, dass sich sein Herz im Leibe darüber freute. Nun gab sie ihm zu essen und zu trinken und sprach: „Geh heim, dein Pferd geh ich dir nicht mit, in drei Tagen aber komm ich und bringe dir's nach."

Also machte sich Hans auf, und sie zeigte ihm den Weg zur Mühle. Sie hatte ihm aber nicht einmal ein neues Kleid gegeben, sondern er musste sein altes, lumpiges Kittelchen behalten, das er mitgebracht hatte, und das ihm in den sieben Jahren überall zu kurz geworden war. Wie er nun heimkam, waren die beiden andern Müllerburschen auch wieder da; jeder hatte zwar sein Pferd mitgebracht, aber des einen seins war blind, des andern seins lahm.

Sie fragten: „Hans, wo hast du dein Pferd?" „In drei Tagen wird's nachkommen", antwortete er. Da lachten sie und sagten: „Ja, du Hans, wo willst du dein Pferd herkriegen, das wird was Rechtes sein!" Hans ging in die Stube, der Müller sagte aber, er sollte nicht an den Tisch kommen, er wäre so zerrissen und zerlumpt; man müsste sich schämen, wenn jemand hereinkäme.

Da gaben sie ihm ein bisschen Essen hinaus, und wie sie abends schlafen gingen, wollten ihm die zwei andern kein Bett geben, und er musste endlich ins Gänseställchen kriechen und sich auf ein wenig hartes Stroh legen. Am Morgen, wie er aufwacht, sind schon die drei Tage herum, und es kommt eine Kutsche mit sechs Pferden, ei, die glänzten, dass es schön war, und ein Bedienter, der brachte noch ein siebentes, das war für den armen Müllerbursch.

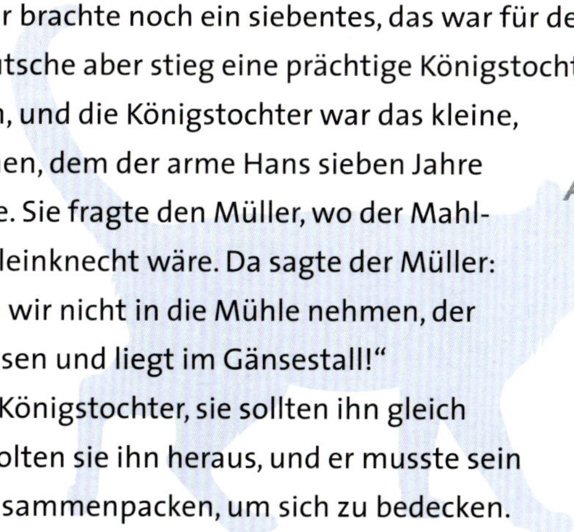

Aus der Kutsche aber stieg eine prächtige Königstochter und ging in die Mühle hinein, und die Königstochter war das kleine, bunte Kätzchen, dem der arme Hans sieben Jahre gedient hatte. Sie fragte den Müller, wo der Mahlbursch, der Kleinknecht wäre. Da sagte der Müller: „Den können wir nicht in die Mühle nehmen, der ist so abgerissen und liegt im Gänsestall!" Da sagte die Königstochter, sie sollten ihn gleich holen. Also holten sie ihn heraus, und er musste sein Kittelchen zusammenpacken, um sich zu bedecken.

Aus der Kutsche stieg eine prächtige Königstochter. Sie war das kleine, bunte Kätzchen.

Da schnallte der Bediente prächtige Kleider aus und musste ihn waschen und anziehen, und wie er fertig war, konnte kein König schöner aussehen. Danach verlangte die Jungfrau die Pferde zu sehen, die die andern

Mahlburschen mitgebracht hatten, eins war blind, das andere lahm. Da ließ sie den Bedienten das siebente Pferd bringen. Wie der Müller das sah, sprach er, so eins wär ihm noch nicht auf den Hof gekommen.

„Und das ist für den dritten Mahlbursch", sagte sie.

Und sie nimmt ihren treuen Hans, setzt ihn in die Kutsche und fährt mit ihm fort.

„Da muss er die Mühle haben", sagte der Müller; die Königstochter aber sprach, da wäre das Pferd, er sollte seine Mühle auch behalten.

Und sie nimmt ihren treuen Hans, setzt ihn in die Kutsche und fährt mit ihm fort. Sie fahren zuerst nach dem kleinen Häuschen, das er mit dem silbernen Werkzeug gebaut hat, da ist es ein großes Schloss, und alles darin ist von Silber und Gold; und da hat sie ihn geheiratet, und nun war er reich, so reich, dass er für sein Lebtag genug hatte.

Darum soll keiner sagen, dass wer albern ist, deshalb nichts Rechtes werden könne.

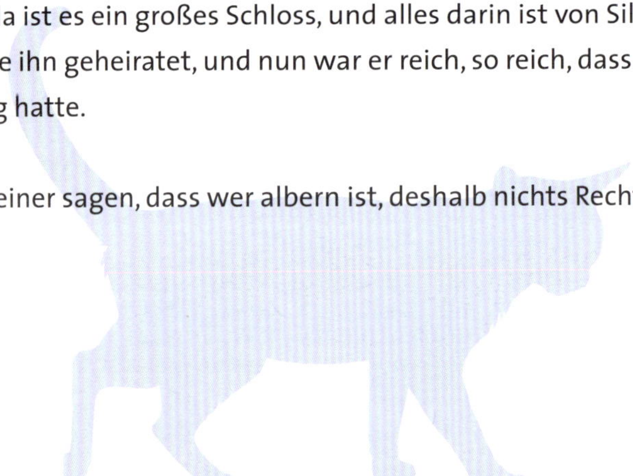

Der Kater und der Sperling

Es flog ein Sperling auf den Misthaufen eines Bauern.

Da kam der Kater, erwischte den Sperling, trug ihn fort und wollte ihn verspeisen. Der Sperling aber sagte: „Kein Herr hält sein Frühstück, bevor er sich nicht den Mund gewaschen hat."
Der Kater nahm sich das zu Herzen, setzte den Sperling auf die Erde und fing an, sich mit der Pfote den Mund zu waschen, da flog ihm der Sperling davon.

Das ärgerte den Kater ungemein, und er sagte: „Solange ich lebe, werde ich immer zuerst mein Frühstück halten, und dann den Mund waschen." Und so macht er es denn bis auf diese Stunde.

Katzen erreichen mühelos, was den Menschen versagt bleibt, durchs Leben zu gehen, ohne Lärm zu machen.

Ernest Hemingway

Fünf klare Regeln für die Katze

1.

Die Katze darf nicht ins Haus!

Ausnahme: Die Katze darf ins Haus, aber nur in bestimmte Räume.

2.

Die Katze darf in alle Räume, aber nicht auf die Möbel!

Ausnahme: Die Katze darf nur auf bestimmte, alte Möbel.

3.

Die Katze darf auf alle Möbel, aber nicht mit ins Bett!

Ausnahme: Die Katze darf ins Bett, aber nur manchmal.

4.

Die Katze darf im Bett schlafen, aber nicht unter der Decke!

Ausnahme: Die Katze darf manchmal unter der Decke schlafen.

5.

Die Katze kann jede Nacht unter der Decke schlafen!

Ausnahme: Menschen müssen um Erlaubnis bitten, wenn sie mit der Katze unter der Decke schlafen möchten.

Fünf Tipps für die Nacht

1.

Menschen schlafen nachts! Sie wollen dann nicht spielen, auch wenn du es mit allen Mitteln versuchst! Sie haben nachts auch kein Bedürfnis, dich zu streicheln, auch wenn du es gerade dann gerne hättest!

2.

Wenn Menschen schlafen, wollen sie nicht mitten in der Nacht eine tote Maus bewundern, schon gar nicht, wenn diese in ihr Bett geschleppt wurde.

3.

Menschen möchten im Schlaf von Katzen weder saubergeleckt noch geküsst werden!

4.

Wenn Menschen schlafen, brauchen sie auch keine Katzen, die sich auf ihre Brust setzen!

5.

Wenn zwei Menschen sich im Bett ineinander verknäulen, ohne zu schlafen, seltsame Geräusche von sich geben und sich auffällig bewegen, brauchen sie keine Katzen, die ihnen gerade dann in die Zehen beißen.

Zappa

(oder: Warum ich nie eine nette Katzengeschichte schreiben konnte)

von Gaby Falk

Ich hatte mir vorgenommen, für dieses Katzenlesebuch eine nette, rührende Geschichte über meinen Kater Zappa zu schreiben. Warum es nie dazu kommen konnte, werde ich jetzt versuchen zu erzählen.

Mein Kater Zappa trägt einen schwarzen Frack, ein weißes Hemd, vier weiße Handschuhe und eine schwarze Mütze auf dem Kopf, die ihm bis über beide Augen reicht. Auch die Schwanzspitze ist weiß. Zappa heißt Zappa, weil auf seiner weißen Schnauze ein pechschwarzes feines Spitzbärtchen prangt. Auch die Schnurrhaare sind schwarz und genau dieses Aussehen erinnert an den amerikanischen skandalumwitterten Musiker Frank Zappa.

Zappa macht seinem Namensgeber alle Ehre. Den einen oder anderen Skandal in der Nachbarschaft hat er bereits ausgelöst und wenn er nachts um die Häuser streicht, erinnert auch sein Gesang an den amerikanischen Musiker.

An dem Tag, an dem ich mit Schreiben beginnen wollte, war mein Kater genau damit nicht einverstanden. Schon als ich mein Arbeitszimmer betrat, muss er gespürt haben, dass ich etwas über ihn erzählen könnte, was seiner Meinung nach nicht in die Öffentlichkeit gehört. Er saß mit seinem Hinterteil breit auf dem geschlossenen Laptop, die Augen zu schmalen Schlitzen verengt, und sah mich an. Ich verscheuchte ihn, was er leise fauchend zur Kenntnis nahm. Dann reinigte ich zuerst den Schreibtisch von weißen und schwarzen Katzenhaaren, klappte mein Notebook auf und fuhr den Rechner hoch.

„Zappa, die schnurrende Schmusekatze!“ So wollte ich die Geschichte nennen.

Kaum hatte ich mein Schreibprogramm geöffnet, eine geeignete Schrift ausgewählt, strich Zappa mir um die Beine. Diesmal schnurrte er. Ich überlegte. Genau. „Zappa, die schnurrende Schmusekatze“! So wollte ich die Geschichte nennen. Ich setzte meine Finger auf die Tastatur, aber kaum hatte ich das „Z“ getippt, war mein Kater mit einem einzigen geschmeidigen Satz auf der Tischplatte neben dem Monitor gelandet. Er nahm majestätisch Platz. Seine Schwanzspitze zuckte. Er knurrte leicht. Ich tippte weiter.

Plötzlich legte sich mit unendlicher Vorsicht eine Vorderpfote auf meine rechte Hand. Zappa schrieb mit. Zuerst versuchte er, meinen Fingern auf der Tastatur zu folgen. Wir schrieben Wörter wie: „dsjnvhöjriu Nxvlcü“. Jeder Buchstabe, den wir so gemeinsam tippten, wurde anschließend von einer neugierigen Pfote am Bildschirm betastet und je schneller wir schrieben, desto schneller hieb die Pfote auf dem Monitor meines Computers herum.

Dann tippte ich alleine weiter, Zappa schaute abwechselnd auf meine Finger und auf den Bildschirm. Dabei legte er den Kopf schief. Er fand die tanzenden Buchstaben höchst interessant. Eine Weile dachte ich, dass alles in Ordnung sei und ich ließ ihn gewähren. Aber die Schwanzspitze wurde immer unruhiger, bis ein gewaltiger Prankenhieb meinen unfertigen Satz vorzeitig beendete. Zappa war auf die Hinterbeine gesprungen, hatte mit den Vordertatzen den Bildschirm attackiert, eine Hinterpfote war dabei auf dem Exit-Knopf gelandet, eine zweite auf Enter und die erste Seite meiner ach so niedlichen Geschichte machte sich ungesichert aus dem Staub. Mit leisem Kling-Klang verabschiedete sich mein Computer.

Mein Kater jedoch drehte mir sein Hinterteil zu, machte einen enormen Buckel und gähnte herzhaft. Er streckte sich und, meine Flüche missachtend, sprang er elegant vom Tisch. Er wirkte äußerst zufrieden. Ich reinigte die verschmierte Mattscheibe von den Abdrücken der Katzenpfoten, nestelte mühsam Katzenhaare aus der Tastatur und unternahm die nächsten Schreibversuche ohne ihn. Beleidigt zog er sich auf seinen Kratzbaum zurück, den er ausschließlich zum Schlafen benutzt, nicht ohne sich vorher sorgfältig die Krallen am Sofa geschärft zu haben.

Immer wenn mein Blick zu ihm wanderte, sah ich, dass durch einen Sehschlitz eins seiner grünen Augen auf mich gerichtet war. (Selbst im Tiefschlaf entgeht ihm nichts von dem, was ich gerade mache.)

Eine Weile ging alles gut, ich tippte vor mich hin und beendete sogar die dreiseitige Story. Zufrieden mit mir und meinem süßen Schmusekater richtete ich den Drucker ein, um die drei Seiten meinem Verleger auf Papier vorlegen zu können. Gerade spuckte das Gerät die dritte Seite aus, als Zappa mit einem wütenden Miauen auffuhr, auf den Drucker zuraste und mit energischen

Tatzenhieben die drei Blätter zerfetzte. Ich sprang auf und schrie ihn an, im Sprung verhedderte ich mich in dem Druckerkabel, geriet ins Stolpern und dabei mit der Hand auf die Tastatur. Mit leisem Kling-Klang verabschiedete sich mein Computer mit dem ungesicherten Dokument.

Zappa war so aus dem Häuschen, dass er auch die Hinterbeine einsetzte, um mit allen vieren gleichzeitig das Papier zu zerreißen. Zusätzlich half er mit den Zähnen nach. Er ließ sich auch von mir nicht stören und fauchte mich wütend an. Erst als dieser wild gewordene Aktenvernichter meine gesamte Geschichte geschreddert hatte, gab er auf und ging mit zittrigem Gang aus dem Arbeitszimmer, gerade so, als habe er sich die Pfoten schmutzig gemacht.

Ich war so wütend, dass ich „blöder Hund" hinter ihm her rief. Dann scheuchte ich ihn in den Garten, obwohl es in Strömen regnete.

Mit meiner Konzentration war es vorbei und so ging ich in die Küche, um mir einen Kaffee zu machen. Nur allmählich verrauchte meine Wut und ich war gerade bei der zweiten Tasse Kaffee, da hörte ich die Katzenklappe. Als Zappa nicht in der Küche erschien und auch sonst keinen Mucks von sich gab, ging ich leise wieder ins Arbeitszimmer.

Auf meinem Drehstuhl saß mein nasser Kater, der sein triefendes Fell einer gründlichen Katzenwäsche unterzog und mich mit unschuldigem Blick beiläufig ansah. Dann fiel mein Blick auf den Schreibtisch. Mitten auf dem Mousepad lag eine übel zugerichtete Maus. Nein, nicht die Computermaus. Da lag eine echte gemeine

Hausmaus und streckte alle viere steif in die Luft. Sie war tot. Mausetot.

Das Tierchen war schrecklich zerkaut. Die Innereien ergossen sich über die Unterlage, und es schaute aus starren, toten Augen seinen Mörder an, der sich seelenruhig die blutigen Schnurrhaare putzte. (Fast jede Woche verwöhnt mich mein Kater mit Geschenken dieser Art. Aber normalerweise deponiert er seine großzügigen Gaben auf der Schwelle zum Garten. Noch nie hatte er es gewagt, ein Beutestück mit ins Haus zu nehmen.)

Fast jede Woche verwöhnt mich mein Kater mit Geschenken dieser Art.

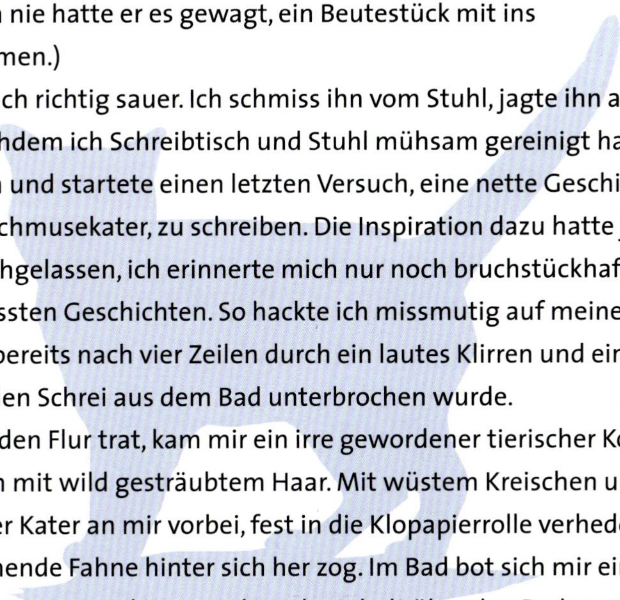

Nun war ich richtig sauer. Ich schmiss ihn vom Stuhl, jagte ihn aus dem Zimmer. Nachdem ich Schreibtisch und Stuhl mühsam gereinigt hatte, atmete ich tief durch und startete einen letzten Versuch, eine nette Geschichte über Zappa, den Schmusekater, zu schreiben. Die Inspiration dazu hatte jedoch merklich nachgelassen, ich erinnerte mich nur noch bruchstückhaft an die bereits verfassten Geschichten. So hackte ich missmutig auf meiner Tastatur herum, was bereits nach vier Zeilen durch ein lautes Klirren und einen markerschütternden Schrei aus dem Bad unterbrochen wurde.

Als ich in den Flur trat, kam mir ein irre gewordener tierischer Kondenzstreifen entgegen mit wild gesträubtem Haar. Mit wüstem Kreischen und wirrem Blick raste der Kater an mir vorbei, fest in die Klopapierrolle verheddert, die er wie eine wehende Fahne hinter sich her zog. Im Bad bot sich mir ein Bild der Verwüstung. Die Katzenkiste war leer, der Inhalt über den Boden verstreut, es roch streng nach einer Mischung aus Katzenurin und meinem Lieblingsparfüm, dessen Scherben fein säuberlich mit der Katzenstreu vermischt waren. Ich gab endlich auf. Ich habe lange gebraucht, bis das Bad wieder begehbar war.

Zappa habe ich daraufhin drei Tage lang nicht gesehen. Als er endlich wieder kam, roch er immer noch nach Chanel N°5.

Das Schreiben war mir lange Zeit vermiest. Besonders das Schreiben über süße kleine Schmusekater und, ich sagte es bereits, so kam es, dass ich nie eine nette Katzengeschichte in den Computer, geschweige denn zu Papier bringen konnte.

Auf die Katze des Petrarch

Gotthold Ephraim Lessing

Warum der Dichter Hadrian
Die Katzen so besonders leiden kann?
Das lässt sich leicht ermessen!
Dass seine Verse nicht die Mäuse fressen.

Zehn untrügliche Zeichen, dass deine Katze heimlich an deinem Computer war

1.

Zwischen den Tasten der Tastatur findet man Katzenhaare und jede Menge Katzenstreu.

2.

Der Browser öffnet automatisch die Homepage von www.kittekat.de.

3.

Der Chat-Nickname „Macho“ wurde in „Muschi“ geändert.

4.

Man bekommt plötzlich E-mails von Absendern wie „Kater Mikesch“, „Tom“, „Catwiesel“ oder „Garfield“.

5.

Auf der Maus finden sich Spuren von Krallen und kleinen spitzen Zähnchen. Außerdem riecht sie plötzlich ziemlich streng nach Fisch.

6.

Man findet massenhaft Hassmails über Hunde.

7.

Auf der Festplatte entdeckt man plötzlich neue Spiele-Software wie „Thum Cat III“.

8.

Man bekommt Infomails zu Katzengras, Spielmäusen aus echtem Fell und dem neuesten Premium-Katzenfutter.

9.

Man entdeckt jede Menge Downloads von Filmen und Musicals wie „Aristocats“ , „Cats“, „Die Katze auf dem heißen Blechdach“ oder „Fat Freddy’s Cat“.

10.

Man erhält Bestätigungsmails von Onlineshops für Katzenzubehör.

Die drei Wünsche

Eine alte Dame sitzt in ihrem Schaukelstuhl auf der Veranda, als plötzlich eine gute Fee erscheint.

„Du hast drei Wünsche frei", sagt die Fee zu der alten Dame.

„Hm", antwortet diese, „als Erstes wünsche ich mir, dass ich reich bin."

Die Fee schwingt ihren Zauberstab und schon sitzt die Alte in einem Schaukelstuhl aus purem Gold.

„Als Nächstes wünsche ich mir, wieder jung und schön zu sein."

Die Fee schwingt ihren Zauberstab und schon ist die ehemals alte Frau jung und schön.

„Und jetzt", sagt die schöne, junge Frau, als ihr alter Kater ihr auf den Schoß springt, „jetzt wünsche ich mir, dass mein lieber Mikesch zu einem schönen jungen Mann wird."

Die Fee schwingt ein letztes Mal den Zauberstab und verschwindet.

Vor der Frau steht der schönste Mann, den sie jemals erblickt hat. Sie bekommt weiche Knie, als der hübsche Jüngling seinen Kopf in ihre Richtung beugt, denn sie glaubt, er wolle sie küssen.

Doch stattdessen flüstert er ihr ins Ohr:

„Ich habe gewusst, dass es dir irgendwann einmal leid tun würde, mich kastriert zu haben ...“

Hunde kommen, wenn sie gerufen werden.
Katzen nehmen die Mitteilung zur Kenntnis und
kommen gelegentlich darauf zurück.

Mary Bly

Katze und Mäuse

nach einer afrikanischen Fabel

Früher lebten alle Mäuse zusammen an einer Stelle im Stroh. Täglich kam die Katze, fing sich eine Maus und war damit zufrieden. Eines Tages jedoch flüchteten die Mäuse alle in ein Loch. Nun hatte die Katze das Nachsehen.

Dann aber legte die Katze sich vor das Mauseloch und stellte sich tot. Nach einiger Zeit kam eine Maus aus dem Loch heraus, sah die Katze da liegen und sprang schnell wieder hinein. Voller Angst sagte sie zu den anderen Mäusen: „Draußen liegt die Katze."

Nach einiger Zeit blinzelte wieder eine Maus aus dem Loch heraus. Sie sah die Katze lange an. Dann traute sie sich ganz aus dem Loch heraus. Sie schlich um die Katze herum, die sich aber nicht rührte. Die Maus lief in das Loch zurück und rief: „Die Katze ist tot. Sie rührt sich nicht mehr."

Eine alte Maus jedoch sagte: „Du irrst dich. Die Katze ist nicht tot. Sie ist listig. Sie stellt sich nur tot." Aber die jungen Mäuse guckten aus dem Loch heraus und jubelten: „Die Katze ist tot!"

Die alte Maus warnte und warnte, aber die jungen Mäuse wollten nicht auf sie hören. Eine Maus nach der andern hüpfte aus dem Loch heraus, bis alle Mäuse draußen waren. Nur die alte Maus blieb vorsichtig drinnen. Die Mäuse begannen um die Katze herum zu tanzen. Die Mäuse hopsten auf die Katze. Sie sprangen über die Katze hinweg. Schließlich tanzten sie auf der Katze.

Da sprang die Katze plötzlich auf. Die Mäuse wollten weglaufen. Aber die Katze hatte blitzschnell hier, blitzschnell dort eine Maus erwischt. Die anderen Mäuse liefen in ihrer Panik nicht in das Loch zurück, sondern stoben nach allen Seiten auseinander. Jede versteckte sich irgendwo im Haus, im Stall und unter den Büschen auf dem Feld.

So kommt es, dass man heute überall Mäuse findet.

Trost

von Harald Brock

Ich war sechzehn, sehr verliebt und schwebte auf Wolken. Umso heftiger traf es mich, als Anna ohne ersichtlichen Grund Schluss machte, um sich einem anderen Galan zuzuwenden. Das Loch, in das ich fiel, war sehr tief, und schließlich wollte ich auch gar nicht mehr heraus, im Gegenteil, ich sinnierte nach Möglichkeiten, für immer darin zu bleiben.

Mit tränenverschleiertem Blick hatte ich mich auf mein Zimmer verzogen. Vor mir auf dem Schreibtisch standen eine Flasche Wodka aus Vaters Schrank und aus Mutters Nachttisch ein Röhrchen mit Tabletten, von denen ich annahm, dass es Schlaftabletten waren, geeignet, mich für den Rest meines unglücklichen Lebens in Tiefschlaf zu versenken. Dann lag da noch eine frische Rasierklinge. Ich empfand meine Lage als hoffnungslos. Zusammengekauert bemühte ich mich um die Wahl der wirkungsvollsten Methode.

Ich bemerkte zunächst nicht, dass die angelehnte Zimmertüre lautlos aufgeschoben wurde und unsere grau getigerte Katze auf Samtpfoten hereingeschlichen kam. Susi strich um meine Beine, erhielt aber von mir nicht die gewünschte Aufmerksamkeit. Sie machte das eine Zeitlang, bis sie ratlos innehielt und zu mir hochschaute. So viel Missachtung war sie nicht gewöhnt. Sie stieß mehrmals mit dem Kopf gegen meinen Fuß, doch auch das blieb ohne

Reaktion meinerseits. Susi setzte sich und blickte vorwurfsvoll auf diese Gestalt, die leise vor sich hin schluchzte. Wenn Katzen eines nicht vertragen können, dann, nicht beachtet zu werden. Sie stieg auf die Hinterbeine und hielt sich mit den Krallen ihrer Vorderpfoten an meinen Knien fest. Normalerweise reagierte ich spätestens jetzt: Entweder nahm ich Susi auf meinen Schoß oder ich schob sie beiseite, da aber nichts dergleichen geschah, sprang sie auf meinen Schoß und drückte ihre Nase gegen meinen Bauch. Auch diesmal reagierte ich nicht. Susi reckte ihren Kopf und schaute auf den Tisch.

Da aber nichts geschah, sprang sie auf meinen Schoß und drückte ihre Nase gegen meinen Bauch.

Da sie bisher nicht an ihren Aktionen gehindert worden war, sprang sie kurzerhand auf die Schreibtischplatte und begutachtete all die Dinge, die dort waren. Ich hatte das Gesicht in beide Hände gestützt und überließ mich meinem Schmerz. Die Katze muss wohl die unendliche Trauer gespürt haben, die von mir ausging. Susi reckte sich und leckte meine Wange. Jetzt erst nahm ich das Tier wirklich wahr. „Schätzchen, du kannst mir auch nicht helfen!" Matt sah ich sie an. Wie in Trance leerte ich das Tablettenröhrchen ins Glas und füllte es dann mit Wodka auf.

Irgendwie war Susi das nicht geheuer. Sie maunzte und rieb so lange ihren Kopf an meinem Arm, bis ich gedankenverloren ihren Bauch kraulte. Eine Weile ließ sie es über sich ergehen, dann krallte sie sich plötzlich mit allen vier Pfoten um meine rechte Hand. Als ich versuchte, die Hand zu lösen, fuhr sie ihre Krallen noch weiter aus und biss sogar vorsichtig zu.

Nun gut, mir war eh alles egal, deshalb rührte ich mit der anderen Hand die milchige Flüssigkeit um. Mit einem Mal sprang die Katze fauchend hoch und warf dabei das Glas um, dessen unglückseliger Inhalt sich über die Tischplatte ergoss und zu Boden tropfte. Sichtlich zufrieden schauten mich zwei gelbe Katzenaugen aus schmalen Schlitzen an.

„Verdammte Katze!", schimpfte ich und wollte schon ausholen, doch mitten in der Bewegung hielt ich inne. Wie Schuppen fiel es mir vor den Augen. Diese kleine liebenswerte Kreatur hatte mich gerade vor einer Dummheit bewahrt.

Ich konnte es mir nicht erklären, ich spürte regelrecht die Zuneigung dieses Tieres, das instinktiv die Situation erfasst und mit schon fast menschlicher Klugheit gehandelt hatte.

Gerührt nahm ich Susi auf den Arm. Sie allein schon war es wert, sich nicht einfach wegzuwerfen, sondern sich auch traurigen Dingen zu stellen, um schöne zu erleben.

Katzen kann man alles sagen

von Josef Guggenmos

Auf der Treppe saß ein Mädchen,
ein graues Kätzchen auf dem Schoß.
„Dreimal drei ist zwölfundzwanzig“,
flüsterte es ihm ins Ohr.
„Aber ja nicht weitersagen!“
Ernst sah es das Kätzchen an.
Keine Sorge! dacht ich,
als ich's im Vorübergeh‘n vernahm.
Katzen kann man alles sagen.
Was man auch zu ihnen spricht,
sie verraten kein Geheimnis.
Katzen machen so was nicht!

Wirklich großartig ist, dass es Katzen in allen Varianten gibt. Man findet sie passend zu jeder Einrichtung, jedem Einkommen, jeder Art der Persönlichkeit und der Laune.
Aber unter dem Pelz lebt unverändert eine der freiesten Seelen der Welt.

Eric Gurne

Von der Katze gelernt

„Sie haben eine Arbeitsmoral wie eine Katze!" brüllt der tobende Chef den Angestellten an.

„Wieso?", fragt dieser.

„Sie schleichen am Morgen ins Büro, legen die Pfoten auf den Tisch und warten auf die Mäuse."

Rotkätzchen

sehr frei nach den Gebrüdern Grimm

Es war einmal ein kleines Kätzchen, das hatte feuerrote Haare. Und weil es ein so rotes Fell hatte, nannten es alle nur Rotkätzchen. Jeder hatte es lieb. Eines Tages schickte die Mutter Rotkätzchen mit einer Dose Premium-Seniorenfutter zur Großmutter, der Wildkatze, die hinter dem Stadtwald in einem kleinen Haus lebte.

„Mach dich auf, bevor es heiß wird, und wenn du hinauskommst, so geh hübsch sittsam“, sagte die Mutter. „Lauf nicht vom Weg ab und wenn du in Großmutters Stube kommst, so vergiss nicht, guten Morgen zu sagen.“

„Ich will schon alles gut machen“, sagte Rotkätzchen zur Mutter und gab ihr das Pfötchen darauf.

Wie nun Rotkätzchen in den Park kam, hörte es die Haselmäuschen im Unterholz rascheln und seine feine Nase trug ihm den Geruch der kleinen Nager zu. „Dann bringe ich der Großmutter doch noch ein paar Mäuslein mit“, dachte es und wollte gerade vom Weg abgehen, da stand plötzlich vor ihm der Wolf. Rotkätzchen aber wusste nicht, was das für ein böses Tier war, und fürchtete sich nicht vor ihm.

„Guten Tag, Rotkätzchen“, sprach er.

„Schönen Dank, Wolf.“

„Wo hinaus so früh, Rotkätzchen?“

„Zur Großmutter, der Wildkatze.“
„Was trägst du da bei dir?“
„Premium-Seniorenfutter, damit soll sich die schwache Großmutter stärken.“
„Rotkätzchen, wo wohnt deine Großmutter?“

Das junge Ding ist ein fetter Bissen, der wird noch besser schmecken als die Alte.

„Noch eine gute Viertelstunde weiter im Wald, unter den drei großen Eichbäumen, da steht ihr Haus, unten sind die Nusshecken, das wirst du ja wissen“, sagte Rotkätzchen. Der Wolf dachte bei sich: „Das junge zarte Ding, das ist ein fetter Bissen, der wird noch besser schmecken als die Alte. Du musst es listig anfangen, damit du beide schnappst.“ Da ging er ein Weilchen neben Rotkätzchen her, dann sprach er: „Rotkätzchen, hör einmal die vielen Haselmäuse, die im Unterholz rascheln. Du könntest doch ein paar fangen und deiner Großmutter mitbringen.“

Rotkätzchen schnupperte mit seinem feinen Näschen und als es so lecker nach Mäuschen roch, dachte es: „Es ist so früh am Tag, dass ich doch zu rechter Zeit ankomme“, lief vom Wege ab in den Wald hinein und suchte nach Haselmäusen. Und wenn es eine gefangen hatte, meinte es, weiter hinaus wären noch fettere, und geriet immer tiefer in den Wald hinein. Als es so viele Mäuschen zusammen hatte, dass es keine mehr tragen konnte, fiel ihm die Großmutter wieder ein, und es machte sich auf den Weg zu ihr.

Aber in dem Moment, als es beim Haus der Großmutter ankam, kam ihm ein wild gewordenes Tier aus der Gartentür entgegen. Mit weit aufgerissenen Augen und einem fürchterlichen Jaulen raste es an ihm vorbei. Es rannte so schnell, dass das Kätzchen nicht erkennen konnte, was das für ein Tier war.

Als Rotkätzchen dann in die Stube trat, rief es: „Guten Morgen“, bekam aber keine Antwort. Darauf ging es zum Bett und zog die Vorhänge zurück: Da lag die Großmutter und war ausgiebig mit ihrer Katzenwäsche beschäftigt.
„Ei, Großmutter, warum liegst du im Bett?“
„Dass ich mich besser ausruhen kann.“
„Ei, Großmutter, was ist mit deiner Vorderpfote geschehen?“
„Ich habe im Kampf eine Kralle verloren. Aber sie wird schon wieder nachwachsen.“
„Ei, Großmutter, mit wem hast du gekämpft?“
„Mit dem bösen Wolf. Und ich glaube nicht, dass er noch mal wiederkommt.“ Und sie lachte laut.

Der Jäger ging eben an dem Haus vorbei und dachte: „Wie die alte Wildkatze so laut lacht, du musst doch sehen, was passiert ist.“ Da trat er in die Stube, und wie er sah, dass Rotkätzchen und ihre Großmutter so fröhlich waren, lachte auch er.

„Den Wolf suche ich schon lange“, sagte er. „Aber dass ihn eine alte Katze vor mir in die Flucht schlagen würde, das hätte ich nie für möglich gehalten.“ Rotkätzchen aber ging fröhlich nach Haus, und niemand tat ihm etwas zuleid.

Der Prophet

Friedrich Rückert

Der Prophet lag im Gebet.
Am Nachmittag inzwischen lag,
Während er schwebt' auf der Andacht Gipfel,
Die Katz' auf seines Ärmels Zipfel,
Dehnte sich spinnend und entschlief,
Und atmete tief
Indes die heilige Übung lief.
Als er sich wollt' erheben nun,
Sah er die Katz' in Frieden ruh'n,
Und schnitt,
Damit sie ruhig bleibe
Sich den Ärmel von seinem Leibe ...

Aber bitte mit Sahne

Eine Katze und eine Maus kommen in eine Bäckerei.

„Ich möchte bitte ein Stück Käsekuchen mit Sahne“, sagt die Maus.

„Und Sie?“, fragt die Verkäuferin die Katze.

„Ich möchte nur einen Klacks Sahne auf die Maus.“

Der Fuchs und die Katze

Nach den Gebrüdern Grimm

Es trug sich zu, dass die Katze in einem Walde dem Herrn Fuchs begegnete, und weil sie dachte: „Er ist gescheit und wohl erfahren und gilt viel in der Welt“, so sprach sie ihm freundlich zu.

„Guten Tag, lieber Herr Fuchs, wie geht's? Wie steht's? Wie schlagt Ihr Euch durch in dieser teuren Zeit?“ Der hochmütige Fuchs betrachtete die Katze von oben bis unten und wusste lange nicht, ob er eine Antwort geben sollte.

Endlich sprach er: „O, du armseliger Bartputzer, du buntscheckiger Narr, du Hungerleider und Mäusejäger, was kommt dir in den Sinn? Du unterstehst dich, mich zu fragen, wie es mir geht? Was hast du gelernt? Wie viele Künste verstehst du?“

„Ich verstehe nur eine einzige“, antwortete die Katze bescheiden.

„Was ist das für eine Kunst?“, fragte der Fuchs.

„Wenn die Hunde hinter mir her sind, so kann ich auf einen Baum springen und mich retten.“ „Ist das alles?“, sagte der Fuchs, „Ich bin Herr über hundert Künste und habe überdies noch einen großen Sack voll List. Du jammerst mich, komm mit mir, ich will dich lehren, wie man den Hunden noch besser entgeht.“

Da kam ein Jäger mit vier Hunden daher. Die Katze sprang behende auf einen Baum und setzte sich in den Gipfel, wo Äste und Laubwerk sie völlig verbargen.

„Bindet den Sack mit der List auf, Herr Fuchs, bindet den Sack auf“, rief ihm die Katze zu, aber die Hunde hatten ihn schon gepackt und hielten ihn fest.

„Ei, Herr Fuchs“,rief die Katze, „ihr bleibt mit euern hundert Künsten stecken. Hättet ihr herauf klettern können wie ich, so wäre es nicht um euer Leben geschehen.“

Es gibt kaum Leute, die Katzen nicht lieben,
sondern nur Leute, die Katzen nicht kennen.

Audrey A. Hayes

Minouches Morgenstunde

von Nicole Compère

... Endlich. Stille im Haus. Minouche streckt sich genüsslich in ihrer ganzen Länge auf dem weißen, von der Sonne beschienenen Kissengelage auf der Fensterbank aus. Ein tiefer Atemzug, der einem Seufzer gleich aus ihrer empfindlichen Nase weicht ... Ruhe. Dieses morgendliche Gelärme. Das des Geschirrs in der Küche, das Geklimper der Löffel in den Schüsselchen ..., das Scharren der Stühle ... und dann diese Stimmen ...

Diese Stimmen, die sie zuerst noch verschlafen begrüßten und freundlich empfingen, wenn sie hungrig und müde von ihrem frühmorgendlichen Streifzug in die warme Küche zurückkehrte. Die Stimmen, die später immer lauter und hektischer wurden. Meistens schrien die beiden großen Wesen das kleinere Wesen an. „Beil Dich!“ und „Pack Deine Sachen! Bist Du immer noch nicht fertig?“, „ Wo ist der Turnbeutel?“

Das arme kleine Wesen. Nur ihm erlaubte Minouche gerne, dass es mit seinen zarten Händen über ihren weichen weißen Katzenbauch streicheln durfte.

Ach, ein weiterer tiefer Atemzug, dann kann Minouche endlich mit der Katzenwäsche beginnen. Ein vorsichtiges Ablecken der Schwanzspitze, die tigergrau geringelt ist, leitetet die wonnige Putzstunde ein ...

Die Wärme, das gleißende Licht. Nach der ausgiebigen Morgentoilette schließt Minouche ihre blauen Augen, rollt sich auf den Rücken und streckt entspannt alle vier sauber geleckten und vom Erdreich gereinigten Tatzen von sich. Oh, wie gut das tut, wenn die Sonne ihren weißen Bauch erwärmt. Fast noch schöner als die weichen Hände von dem kleinen Wesen, das mit in dem Haus wohnt.

Oh, wie gut das tut, wenn die Sonne ihren weißen Bauch erwärmt.

Minouche streckt sich wohlig und rollt sich dann zu einer runden, weißbeigen, flauschigen Kugel zusammen ..., mit einem tigergrau geringelten Schwanz, der dekorativ und anmutig zugleich zwischen beiden Vorderpfoten geschlängelt da liegt.

Am liebsten liegt sie so auf der Fensterbank mit Blick in den Garten. Am schönsten ist es für sie, wenn die Morgensonne alles in warmes Licht taucht. So kann man wunderbar einschlafen ...

Die Eingangstüre klackt. Schlagartig springt Minouche auf. Eins der größeren Wesen ist zurück und es ist Zeit für den frischen und saftigen Inhalt der runden Dosen aus dem Küchenschrank. Minouche streckt sich in ihrer ganzen bretonischen Länge und gähnt herzhaft.

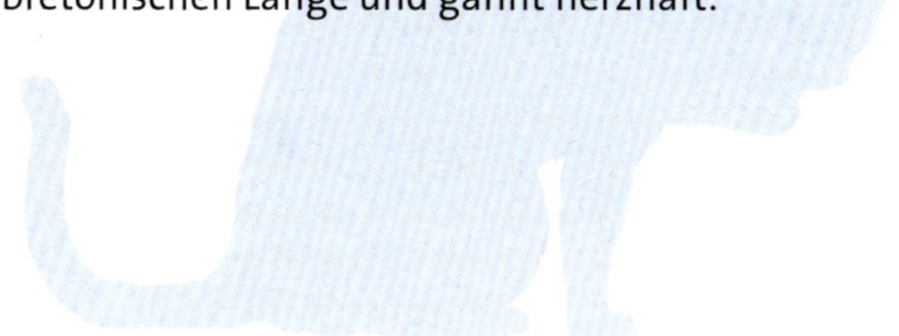

Besitzansprüche

Der irritierte Besucher zum Gastgeber: „Warum starrt mich Ihre Katze so böse an?“

Daraufhin der Gastgeber: „Keine Sorge. Das macht sie immer. Sie starrt jeden an, der aus ihrer Schüssel isst.“

Keine Katze ist falsch.
Es gibt wenige Tiere, in deren Gesicht der
Kundige so eindeutig die augenblickliche
Stimmung lesen kann, wie in dem der Katze.

Konrad Lorenz

Nützliche Tipps für kleine Katzen

Katzenfutter: wird sich nicht von selbst aus einer Schachtel in deinen Napf ergießen, auch wenn du dich davor setzt und die Schachtel noch so lange anschreist.

Aquarium: ist keine Selbstbedienungseinrichtung für Katzen. Wenn du dennoch versuchst, Fische zu angeln, werden deine Pfoten nass – und das magst du überhaupt nicht.

Kaktus: hat mindestens so scharfe Krallen wie du. Und er wehrt sich!

Menschen: brauchen die Hilfe von Katzen weder bei der Installation einer Software, noch beim Schreiben von Büchern. Auch beim Stricken von Pullovern kommen Menschen in der Regel sehr gut ohne Katzen zurecht. Ähnlich ist es beim Umgraben von Blumenbeeten und beim Befüllen der Waschmaschine.

Kerze: Wenn du versuchst, eine mit dem Schwanz zu löschen, wirst du dir selbigen versengen.

Die Wahrheit über die Bremer Stadtmusikanten

von Mietzi IV

Also, gewöhnlich wenn ich eine solche Geschichte höre, sträuben sich mir sämtliche Rückenhaare und ich könnte fauchen. Irgendetwas müssen die Gebrüder Grimm falsch verstanden haben oder könnt ihr euch vorstellen, dass eine Katze einem Hund auf den Rücken springt? Oder es gar dulden würde, dass ein Hahn auf ihrem Kopf Platz nähme? Nein, nein, nie im Leben kann die Geschichte so passiert sein! Und da ich von meiner Mutter den richtigen Hergang erzählt bekam, als ich noch ein kleines Kätzchen war, will ich euch heute die wahre Geschichte der Bremer Stadtmusikanten erzählen.

Der Anfang stimmt. Der alte Esel machte sich tatsächlich auf den Weg nach Bremen, weil er gemerkt hatte, dass sein Herr ihn aus dem Futter schaffen wollte. Dort wollte er Stadtmusikant werden. Auch Packan, den jappenden Jagdhund, fand er auf dem Wege liegen, weil dieser seinem Herrn weggelaufen war …

„Weißt du was?“, sprach der Esel zum Hund. „Ich gehe nach Bremen und werde dort Stadtmusikant, geh mit und lass dich auch bei der Musik annehmen. Ich spiele die Laute, und du schlägst die Pauken.“ Der Hund war’s zufrieden und sie gingen weiter. Es dauerte nicht lange, da saß eine Katze

an dem Weg (das war Mietzi, meine Ur-Ur-Urgroßmutter) und machte ein Gesicht wie drei Tage Regenwetter. „Nun, was ist dir in die Quere gekommen, alter Bartputzer?“, sprach der Esel. „Wer kann da lustig sein, wenn's einem an den Kragen geht?“, antwortete meine Ur-Ur-Urgroßmutter. „Weil ich nun zu Jahren komme, meine Zähne stumpf werden und ich lieber hinter dem Ofen sitze und spinne, als nach Mäusen herumzujagen, hat mich meine Frau ersäufen wollen; ich habe mich zwar noch fortgemacht, aber nun ist guter Rat teuer, wo soll ich hin?“

„Ich sitze lieber hinterm Ofen und spinne, als nach Mäusen zu jagen!“

„Geh mit uns nach Bremen, du verstehst dich doch auf die Nachtmusik, da kannst du ein Stadtmusikant werden.“ Ur-Ur-Uroma Mietzi hielt das für gut und ging mit. Als die drei so gingen, kamen sie an einem Hof vorbei.

Da saß der Haushahn auf dem Tor und schrie aus Leibeskräften. „Du schreist einem durch Mark und Bein“, sprach der Esel, „was hast du vor?“ „Die Hausfrau hat der Köchin befohlen, mir heute Abend den Kopf abzuschlagen. Morgen, am Sonntag, haben sie Gäste, da wollen sie mich in der Suppe essen. Nun schrei ich aus vollem Hals, solang ich noch kann.“

„Ei was“, sagte der Esel, „zieh lieber mit uns fort, wir gehen nach Bremen, etwas Besseres als den Tod findest du überall. Du hast eine gute Stimme, und wenn wir zusammen musizieren, wird es gar herrlich klingen.“ Dem Hahn gefiel der Vorschlag, und sie gingen alle vier zusammen fort. Sie konnten aber die Stadt Bremen an einem Tag nicht erreichen und kamen abends in einen Wald, wo sie übernachten wollten. Der Esel und der Hund legten sich unter einen großen Baum, Mietzi kletterte auf einen Ast, und der Hahn flog bis in den Wipfel, wo es am sichersten für ihn war. Ehe er einschlief, sah er sich noch einmal nach allen vier Windrichtungen um.

Da bemerkte er einen Lichtschein. Er sagte seinen Gefährten, dass in der Nähe ein Haus sein müsse, denn er sehe ein Licht. Der Esel antwortete: „So wollen wir uns aufmachen und noch hingehen, denn hier ist die Herberge schlecht.“ Der Hund meinte, ein paar Knochen und etwas Fleisch daran täten ihm auch gut.

Also machten sie sich auf den Weg nach der Gegend, wo das Licht war. Bald sahen sie es heller schimmern, und es wurde immer größer, bis sie vor ein hell erleuchtetes Räuberhaus kamen. Der Esel, als der größte, näherte sich dem Fenster und schaute hinein.
„Was siehst du, Grauschimmel?“ fragte der Hahn.
„Was ich sehe?“ antwortete der Esel. „Einen gedeckten Tisch mit schönem Essen und Trinken, und Räuber sitzen rundherum und lassen sich's gut gehen!“
„Das wäre etwas für uns“, sprach der Hahn.

Da überlegten die Tiere, wie sie es anfangen könnten, die Räuber hinauszujagen. Endlich fanden sie ein Mittel. Der Esel stellte sich mit den Vorderfüßen auf das Fenster, der Hund sprang auf des Esels Rücken ...

... Und genau hier geht die Geschichte anders weiter, als es die Brüder Grimm aufgeschrieben haben! Mietzi kletterte nicht auf den Hund, und der

Hahn flog auch nicht hinauf und setzte sich der Katze auf den Kopf. Was für ein Blödsinn! Als wenn eine Katze so etwas gestatten würde! In Wahrheit geschah Folgendes …

Der Hund sprang auf des Esels Rücken, der Hahn setzte sich auf den Kopf des Hundes und Mietzi schlich sich heimlich davon. Als das geschehen war, fingen die drei auf ein Zeichen an, ihre Musik zu machen: Der Esel schrie, der Hund bellte und der Hahn krähte. Darauf stürzten sie durch das Fenster in die Stube hinein, dass die Scheiben klirrten. Die Räuber fuhren bei dem entsetzlichen Geschrei in die Höhe und zückten ihre Pistolen. Es muss schrecklich gewesen sein. Mietzi hatte alles aus sicherer Entfernung mit ansehen können.

Die Räuber ballerten mit ihren Schießeisen herum und Esel, Hund und Hahn konnten gerade noch in größter Furcht in den Wald hinaus fliehen.

Nun setzten sich die vier Gesellen wieder an den Tisch, und jeder aß nach Herzenslust von den Speisen, die ihm am besten schmeckten. Während sie so schmausten, schlich sich meine Ur-Ur-Urgroßmutter leise durch das zerbrochene Fenster hinein. Sie maunzte herzerweichend und strich den Räubern um die Stiefel, bis einer der rauen Burschen sich erbarmte. Er hob sie auf seine Knie, streichelte sie und gab ihr ein paar Bissen von seinem Essen ab.

Sie maunzte herzerweichend und strich den Räubern um die Stiefel.

Fortan durfte die alte Katze im Haus der Räuber wohnen, lag auf dem Herd bei der warmen Asche und wurde bis an ihr Lebensende gut versorgt. Die anderen drei jedoch sind wohl immer noch auf dem Weg nach Bremen. Zumindest sind sie bis heute nicht dort angekommen.

Genau so hat sich die Geschichte zugetragen und nicht anders!

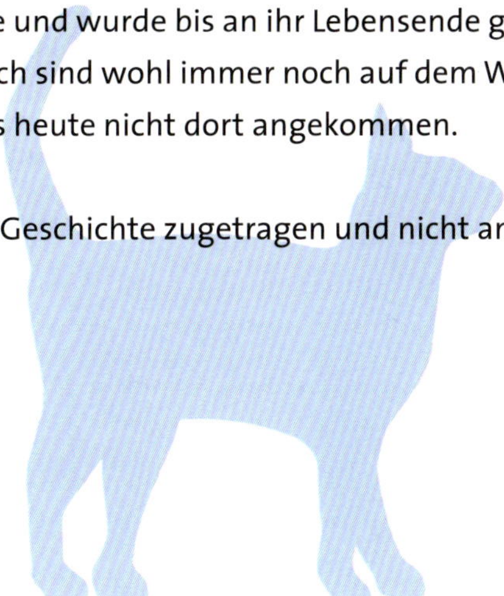

Zwei Gedankengänge

Der Hund denkt: „Sie lieben mich, sie füttern mich, sie kümmern sich um mich. Sie müssen Götter sein!"

Die Katze denkt: „Sie lieben mich, sie füttern mich, sie kümmern sich um mich. Ich muss ein Gott sein!"

Die Katze

Charles Baudelaire

In meinem Hirn, als wär's ihr eigner Raum,
Schleicht auf und nieder auf der weichen Tatze
Geschmeidig sanft die schöne, stolze Katze.
Und ihrer Stimme Tun vernimmt man kaum,

So zart und heimlich ist ihr leis Miauen.
Und ob sie zärtlich, ob sie grollend rief,
Stets ist der Klang verhalten, reich und tief
Und Zauber weckend und geheimes Grauen.

Die Stimme, die wie schwere Perlen sank
In meines Wesens dunkle Gründe nieder,
Erfüllt mich wie der Klang der alten Lieder,
Berauscht mich wie ein heißer Liebestrank.

Sie schläfert ein die grausamsten Verbrechen,
Verzückung ruht in ihr. Kein Wort tut not,
Doch alle Töne stehn ihr zu Gebot
Und alle Sprachen, die die Menschen sprechen.

Auf meiner Seele Saitenspiel ließ nie
Ein andrer Bogen so voll Glut und Leben
Die feinsten Saiten schwingen und erbeben,
Kein anderer so königlich wie sie,

Wie deine Stimme, rätselvolles Wesen,
Seltsame Katze, engelsgleiches Tier,
Denn alles, Welt und Himmel, ruht in ihr,
Voll Harmonie, holdselig und erlesen.

Die Katze schläft im Lärm.
Erst die Stille weckt sie, in der die Mäuse
rascheln.

Hans Kasper

Die Katze im Sack

von Harald Brock

Meine Freundin Lydia sollte die Perserkatze ihres Bruders versorgen, während er in Urlaub war. Lydia und ich wollten in dieser Zeit aber einige Tage zusammen bei mir verbringen, allerdings gut 70 Kilometer entfernt. Die Katze sollte mit, und das Drama nahm seinen Lauf.

Sobald sie den Transportkorb erblickte, steuerte Prinzesschen mit entsetztem Fauchen ein sicheres Versteck unter dem Schrank an und ward nicht mehr gesehen. Allen Lockversuchen widerstand das Tier mit beharrlicher Sturheit. Nach zirka einer Stunde ohne Erfolg kam Lydia auf die glorreiche Idee, den Korb mit einer Decke zu tarnen. Diese List erwies als gar nicht so schlecht, denn Prinzesschen kam zehn Minuten später aus ihrem Versteck hervor und beäugte misstrauisch das Objekt der Heimtücke. Das anfängliche Misstrauen wich schließlich einem wohlwollenden Schnurren und der unmissverständlichen Aufforderung an Lydia, für den ganzen erlittenen Stress durch ausgiebige Streicheleinheiten entschädigt zu werden. Das war zwar ganz schön, wurde aber unserem eigentlichen Ansinnen, Prinzesschen in den Korb zu verfrachten, nicht annähernd gerecht. Die Zeit verrann, meine Ungeduld wuchs, und Prinzesschen genoss, sich auf dem Rücken räkelnd, ihre Kraulration. Doch als Lydia endlich Anstalten machte, sich mit diesem kleinen schlauen Biest dem Korb zu nähern, sprang es auf und kletterte auf den Küchenschrank.

Eine neue List musste her. Diese bot sich mir nach einigem Suchen in Form eines kleinen Jutesacks an, den Lydia zum Einkaufen benutzte. Ich stellte eine Leiter an den Küchenschrank, stieg hinauf, kitzelte das selig schlummernde Prinzesschen mit dem Sack und verwickelte es ganz nebenbei in ein reizvolles Spiel. Schließlich schöpfte das putzige Kätzchen nicht mehr den geringsten Verdacht und zog an dem Sack, als wolle es das Ding in Besitz nehmen. Jetzt hieß es keinen Fehler machen und blitzschnell handeln. Als hätte ich nie etwas anderes gemacht, stülpte ich den Einkaufsbeutel über die Katze, zog ihn blitzschnell zu und hatte endlich die Katze im Sack.

Als hätte ich nie etwas anderes gemacht, stülpte ich den Einkaufsbeutel über die Katze.

Gemeinsam verfrachteten wir die genauso überraschte wie empörte Katze in den Transporter. Bruchteile später, wir schafften es gerade noch, die Türe zu versperren, entlud sich ein grandioser Tobsuchtsanfall, der mich an der Stabilität des geflochtenen Rattangebildes zweifeln ließ. Prinzesschen gab Töne von sich, die ich niemals einer Katze zugeordnet hätte, allenfalls einer überlasteten Kreissäge. Aber es nützte ihr nichts. Im Auto randalierte sie noch eine Weile, dann machte sie während der Fahrt nur durch ein gelegentliches jämmerliches Jaulen auf sich aufmerksam.

Bei mir zu Hause widerstand sie sämtlichen Einladungen, ihren Käfig zu verlassen. Eingeschnappt funkelte sie uns nur böse aus gelbgrünen Augen an. Erst als ich etwas aus dem Keller holen wollte, huschte Prinzesschen wie ein geölter Blitz hinterher und suchte mit traumwandlerischer Sicherheit ein

Versteck auf, wo sie sich vor jeglichen Nachstellungen geschützt fühlte. Sie verließ den Keller zwei Tage lang nicht und rührte weder Fressen noch Trinken an.

In der zweiten Nacht dann weckte mich eine leise Berührung im Gesicht. Schlaftrunken öffnete ich die Augen einen Spalt – und erblickte Prinzesschen, die quietschvergnügt auf meinem Plumeau saß und mit der Pfote an meine Nase tippte. Ich versuchte, mir das Lachen zu verbeißen und tastete nach Lydias Hand. Die schlug die Lider auf und wäre beinahe losgeplatzt, hätte ich nicht ihre Hand gedrückt.

Für die nächsten Nächte war mein Kopfkissen Prinzesschens Lieblingsplatz. Zudem setzte sie es durch, ausschließlich standesgemäß mit uns im Wohnzimmer zu speisen.

Soll einer die Katzen verstehen!!!

Weitere nützliche Tipps für kleine Katzen

Schwanzjagen: Wenn du dabei deinen Fuß erwischst, solltest du nicht zu fest zubeißen, es tut nämlich weh.

Handy: ist kein Katzenspielzeug, auch wenn es Spaß macht, immer wieder auf die vielen Tasten zu drücken, um dann japanische Stimmen zu hören.

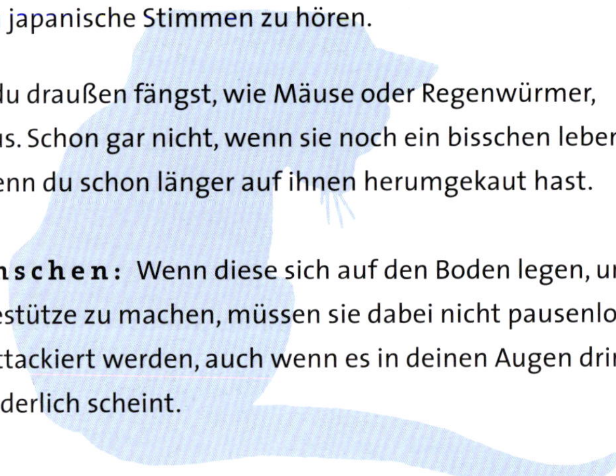

Beutetiere: die du draußen fängst, wie Mäuse oder Regenwürmer, gehören nicht ins Haus. Schon gar nicht, wenn sie noch ein bisschen leben. Und noch weniger, wenn du schon länger auf ihnen herumgekaut hast.

Menschen: Wenn diese sich auf den Boden legen, um Liegestütze zu machen, müssen sie dabei nicht pausenlos von dir attackiert werden, auch wenn es in deinen Augen dringend erforderlich scheint.

Fischfutter: ist kein Katzenfutter! Auch wenn es noch so lecker riecht. Schon gar nicht, wenn es bereits auf der Wasseroberfläche des Aquariums schwimmt.

Monitor: des Computers ist nicht erfunden worden, um die Reaktionsfähigkeit von Katzen zu testen.

Brief einer Katze

von Gaby Falk

Herzallerliebste Mizzi,

jetzt bin ich schon ein halbes Jahr hier bei meinen Menschen und komme erst jetzt zum Schreiben. Ich muss Dir sooooooo viel berichten. Jeder Tag ist spannend und ich genieße mein neues Leben sehr. Die Menschen, mit denen ich lebe, habe ich immer besser im Griff. Sie gehorchen mir fast schon vorzüglich. Sie sind zu komisch. Sie machen meistens, was ich will! Nur wirklich verstehen werden sie mich wohl nie!

Wenn ich zum Beispiel so lange an der Tür maunze, bis sie endlich aufstehen und mir diese Tür aufmachen, heißt das ja noch lange nicht, dass ich auch wirklich hinausgehen möchte. Das können sie dann nicht kapieren, besonders nicht, wenn ich mich genau in diesem Moment seelenruhig hinsetzte und mir die Pfoten lecke oder ihnen, dankbar dafür, dass sie extra aufgestanden sind, einfach nur um die Beine schnurre.

Ich kann auch schon eine Acht zwischen den Beinen der Menschenfrau laufen, besonders wenn sie in der Küche hantiert und das Essen zubereitet. Manchmal stolpert sie dann und es fällt etwas für mich ab. Auch auf der Treppe beherrsche ich schon einige lustige Tricks, bei denen die Menschen stolpern, um nicht auf mich zu treten. Besonders witzig ist es, wenn sie dabei schwere

Sachen tragen ... Es ist gar nicht so einfach, den kullernden Gegenständen dann auszuweichen.

Sehr gemütlich finde ich es abends. Dann setzt sich der Menschenmann aufs Sofa und liest in einem großen, rascheligen Papier. Das knistert so lustig, wenn ich darauf springe, es mit den Pfötchen zerzause und mit den Zähnchen zerbeiße. Aber er mag das komischerweise nicht. Darum übe ich jetzt, mich so auf dem Schoß des Menschen zu platzieren, dass er gar nicht mehr lesen kann.

Darum übe ich jetzt, mich so auf dem Schoß des Menschen zu platzieren, dass er nicht mehr lesen kann.

Ganz lustig wird es, wenn die Frau dazu kommt, kleine bunte Wollbälle abwickelt und mit zwei Nadeln klappert. Es kitzelt so schön, wenn sich der Faden in meinen Krallen spannt. Außerdem helfe ich gern. Manchmal spielen meine Menschen mit einem besonders lustigen Spielzeug. Es sieht aus wie ein großes Buch, wird aufgeklappt und dann klappern sie mit den Fingern auf einem Teil des Buches herum, während auf dem anderen Teil rasend schnell kleine Fliegenbeine entstehen. Ich kann mich dann kaum entscheiden, wo ich lieber mitspiele, auf der Tastatur oder auf dem Bildschirm.

Von Zeit zu Zeit laden meine Menschen andere Menschen ein. Wenn ich gerade gut gelaunt bin, lasse ich mich streicheln. Wenn nicht, fahre ich meine Krallen aus und fauche. Dann sind sie beleidigt. Dann setze ich mich auf den höchsten Punkt des Kratzbaums und starre sie einfach nur an. Das mögen sie irgendwie nicht. Auch wenn ich sie auf der Toilette beobachte, scheint ihnen das nicht zu gefallen.

Aber herrje, das Katzenleben ist schön! Vor allem nachts! Wenn ich von meinen ausgiebigen Spaziergängen über die Dächer der Häuser zurückkomme, schläft es sich besonders gut in ihren Betten. Sie sind nachts so kuschelig warm, die Menschen. Und sie quasseln dann nicht und merken nicht, wenn ich mich auf ihren weißen Laken ausgiebig wasche. Oft überkommt mich dann eine starke Zuneigung für diese friedlich schlafenden, wehrlosen Gestalten und ich setze mich voller Inbrunst auf ihre Brust. Zuweilen macht der Menschenmann seltsame Geräusche mit dem Mund. Dann stößt er die Luft aus und ich versuche diese fauchenden Schnarchlaute mit der Pfote einzufangen. Das ist lustig. Meistens wird er davon wach. Überhaupt spiele ich ganz gerne nachts. Wir Katzen schlafen schließlich tagsüber ausgiebig und sind nachts quicklebendig.

Mizzi, Du hast geschrieben, dass Kater Murr so entsetzlich zugenommen hat. Der Arme. Ich achte hier sehr auf meine Figur. Es ist relativ einfach: Ich esse prinzipiell nur das, was mir schmeckt! Manchmal lasse ich mir von meinen „Dosis“ (so nenne ich sie, weil sie Dosen für mich öffnen) richtig leckeres Premium-Futter aufmachen, aber ich esse nur einen klitzekleinen Bissen davon. Dann schreie ich wehleidig, als hätte ich seit Tagen nichts zu Fressen bekommen und gehe ein Stück weit weg. Es dauert meist nicht lange, bis die nächste Dose aufgemacht wird oder eine Handvoll Leckerlis auf einem Tellerchen gereicht wird. Die schaue ich dann eine ganze Weile nur an, bis sich meine Dosis Sorgen machen und eine dritte Dose öffnen. Ich schlage mir nie den Magen voll, wenn sie mir dabei zuschauen, so bekomme ich das beste Futter. Ab und zu peppe ich mir aber meinen Speisezettel selber etwas auf. Gerne mag ich Mäuse, aber nur die Füßchen, die sind so knackig. Den Rest lasse ich in der Küche liegen. Oder hinter dem Sofa. Käfer sind auch gut für die Verdauung, genauso wie Gras, es reinigt den Magen und muss deshalb im Haus wieder ausgewürgt werden.

Wenn ich mich übergeben muss, das kommt schon mal vor, laufe ich meistens schnell zu dem hellen Sessel. Manchmal schaffe ich das aber nicht rechtzeitig und lande auf diesem komischen Perserteppich, den sie haben. Na ja, dann schreien sie immer und wischen stundenlang, bis alles wieder sauber ist. Als wenn das etwas nützen würde ...

Manchmal erwische ich draußen Schmetterlinge. Ich mag aber nur die Tierchen selbst. Die Flügel sind mir zu puderig. Die dekoriere ich lieber im Haus. Ich finde, dass es hübsch aussieht, wenn die bunten Flügelchen auf Tellern oder Betten liegen. Aber sie haben einen anderen Kunstgeschmack als ich.

Wenn ich zum Beispiel male, ja, Mizzi, Du hast richtig gelesen. Ich habe Malen gelernt. Wenn ich durch den Matsch gegangen bin und dann an der Verandatür mit den Vorderpfoten immer wieder kratze, entstehen tolle Bilder. Aber sie sind Banausen. Sie verstehen auch das nicht.

Ich esse auch gerne das Müsli von den Kindern. Meistens bevor sie sich morgens an den Tisch setzen können.

Ich esse auch gerne das Müsli von den Kindern. Meistens bevor sie sich morgens an den Tisch setzen können. Die Kinder sind sehr nett. Sie gehen morgens mit komischen Kästen auf dem Rücken aus dem Haus und abends tragen sie die Kästen wieder nach Hause. Man kann prima darin herumwühlen. Manchmal finde ich Brote oder sogar Schokolade darin. Sie eignen sich auch sehr gut als Verstecke für angekaute Beutetiere.

Vor einer Woche ist etwas Tolles passiert. Die Menschen haben sich festlich angezogen und sind aus dem Haus gegangen. In der Küche aber entdeckte ich große Platten mit allerlei Köstlichkeiten. Stell Dir vor, Mizzi, Lachs war da drauf und Kaviar, Thunfisch und jede Menge Hähnchenfleisch. Als ich satt war, habe ich noch ein bisschen mit der Dekoration gespielt. Dabei ist mir eine dicke Hähnchenkeule hinter den Herd gefallen, ich kam einfach nicht mehr dran. Ich glaube, sie liegt noch heute da. Anschließend bin ich durch die Katzenklappe nach draußen (ich habe fast nicht mehr durchgepasst) und so konnte ich das Geschrei meiner Menschen nur von weitem hören.

Manchmal erwische ich draußen ein Vögelchen. Das verspeise ich am liebsten im Bett meiner Menschen, weil ich mir dort am Kopfkissen die Federchen am besten aus dem Maul wischen kann. Sehr leckere Sachen fische ich mir auch aus dem Abfalleimer. Man muss nur den Eimer umwerfen, um an

die besten Brocken zu kommen. Ich kann das schon ganz gut.
Wenn ich gefressen habe, wasche ich mich gründlich, so wie ich es immer bei Dir gesehen habe. Auch pflege ich meine Krallen sehr gut. Ich habe zwar einen Kratzbaum, viel effektiver aber ist die tägliche Maniküre an dem großen braunen Sofa. Es ist aus besonders strapazierfähigen festem Rindsleder. Ich finde, dass es immer origineller aussieht mit der Zeit. Ich arbeite jedenfalls daran.

So, liebste Mizzi, Du siehst, es geht mir gut bei meinen Menschen, auch wenn ich Dich vermisse. Mir tun jetzt aber die Pfötchen weh vom vielen Schreiben. Außerdem höre ich den elektrischen Dosenöffner quietschen …
Ich reibe meine Nase an Deiner und verbleibe mit allerliebstem Miau

Deine Pussy

PS: Ich kann mich schon so lang strecken, wie das Nickerchen, das ich gleich machen werde.

Katzenklo

von Helge Schneider

Katzenklo, Katzenklo – ja, das macht die Katze froh,
Katzenklo, Katzenklo macht die Katze froh.

Willst du eine saubere Katze haben,
Musst du im Geschäft nach Katzenklo fragen.

Katzenklo, Katzenklo – ja, das macht die Katze froh,
Katzenklo, Katzenklo macht die Katze froh.
Katzenklo, Katzenklo – ja das macht die Katze froh,
Katzenklo, Katzenklo macht die Katze froh.

Gehst du ins Geschäft hinein,
Kauf was Schönes für die Katze ein.

Katzenklo ,Katzenklo – ja das macht die Katze froh,
Katzenklo ,Katzenklo macht die richtige Katze froh.
Katzenklo, Katzenklo – ja das macht die Katze froh,
Katzenklo, Katzenklo macht die Katze froh.

Eine Katze will immerzu fressen,
Eine Katze will immerzu fressen.

Ich gebe ihr was,
Ich geb ihr was zu fressen und sie bezahlt nichts dafür.
Und das ist gut.

Die Katze frisst mir die Haare vom Kopf,
Eine Katze frisst den ganzen Tag.
Damit es ihr gut geht, will sie fressen – Ich stelle ihr was hin.
Sie isst das auf.

Katzenklo, Katzenklo – ja das macht die Katze froh,
Katzenklo, Katzenklo macht die richtige Katze froh.

Klarer Fall

von Georg Schnitzler

„Miez, Miez, Miez“, so begannen alle Geschichten der großen englischen Lady of Crime, Agatha Miezi. Ihr „Miez, Miez, Miez“ wurde schnell ebenso berühmt wie der Name Agatha Miezi selbst und alle Katzen und Kätzchen, Kater und Katerchen spitzten ganz aufgeregt die Öhrchen, sobald sie es zu hören bekamen, dieses „Miez, Miez, Miez“!

Was denn das Geheimnis ihres überragenden Erfolges sei, wurde die Katze Agatha Miezi immer wieder auf ihre Kriminalgeschichten hin angesprochen. „Ach, alles was eine gute Story ausmacht ...“ „ , pflegte sie dann genüsslich zu schnurren und dabei ließ sie jedes Mal für einen kurzen Moment ihre scharfen Krallen aufblitzen, „... ist ein leckeres Opfer!“

„Ja, wo ist denn das Mäuschen?“ – „Ja, wo ist denn das Vögelchen?“ – Ja, wo ist denn das Fischchen?“, waren Sätze, die Dank Agatha Miezi längst zu geflügelten Worten geworden waren.

Dass sie allerdings selbst einmal in ein echtes Verbrechen verwickelt werden würde, das hatte sie sich in ihren kühnsten Katzenträumen nicht ausgemalt obwohl ihr Freund und Nachbar, Kater Stranger, sie schon öfter davor gewarnt hatte. „Wer zu tief in den Abgrund hineinblickt, Miss Miezi ...“, sagte er dann, „... Wer zu tief in den Abgrund hineinblickt, der wird eines guten Tages in diesen Abgrund hineinfallen!“

microchip
Scan me

Und so ist es ja dann auch eines guten, oder sollte ich besser sagen eines schlechten, Tages gekommen. Und das Opfer war in diesem Falle kein Mäuschen, kein Vögelchen und auch kein Fischchen. Nein, das Opfer war Agatha Miezi selbst. Ja, ihr lieben Katzen und Kätzchen, Kater und Katerchen, ihr habt völlig richtig gehört, Agatha Miezi selbst wurde zum Opfer eines hinterhältigen Verbrechens!

Agatha Miezi selbst wurde zum Opfer eines hinterhältigen Verbrechens!

Es war genau 17:01 Uhr an einem dieser ruhigen, sonnigen Nachmittage in dem verträumten Örtchen St. Mary Mead, als Agatha Miezi die ruchlose Tat entdeckte. Dass es exakt 17:01 gewesen ist, das wusste Agatha ganz genau, denn sie hatte im Vorübergehen die große digitale Anzeige der Küchenuhr gesehen. In der vorangegangenen Stunde hatte Agatha sich ein wohlverdientes Sonnenbad auf der Veranda ihres kleinen Landhäuschens gegönnt und war dann um Punkt 17:00 Uhr durch die offene Verandatür in die Küche spaziert, um dort, ganz so, wie es ihre Gepflogenheit war, ihre Five o' clock-Nachmittags-Mahlzeit zu sich zu nehmen. Doch, oh weh, was musste Agatha sehen, als sie sich über ihren Fressnapf beugte!? Nichts musste sie sehen! Absolut nichts! Ratzekahle Leere gähnte ihr aus dem Napf entgegen, den sie nach dem Frühstück halb gefüllt zurückgelassen hatte. Halb gefüllt mit der allerfeinsten, in köstlichem Butterschmalz zart gebratenen Hühnerleber.

„Miez, Miez, Miez!", rief Agatha, als sie des Diebstahls gewahr wurde und „Ach, du heiliger Miez!" und auch „Ach, du liebes Miezchen!" Was sie sonst noch alles rief, das weiß ich gar nicht mehr. Auf jeden Fall aber veranstaltete sie ein so lautes Gemiez, dass es noch Häuser weiter zu hören war. Auch ihr Freund und Nachbar Kater Stranger hatte das Gemiez gehört und eilte auf flinken Pfoten zu ihr hinüber.

„Ach herrje, Miss Miezi!", jammerte der Kater Stranger, „Gott sei Dank haben Sie sich auf der Veranda gesonnt und waren nicht im Haus, als der Dieb kam", miaute er. „Nicht auszudenken, was Ihnen hätte passieren können", maunzte er. Und schließlich rief er: „Polizei! Wir müssen die Polizei einschalten!"

„Keine Polizei!", schnurrte Agatha beherzt zurück. „Den Fall Hühnerleber, den lösen wir selbst, Kater Stranger! Und als erstes erstellen wir ein Täterprofil!" „Ein Täterprofil?", fragte Kater Stranger unsicher. Um was es sich wohl bei einem Täterprofil handeln mochte? „Ja, ein Täterprofil!", bestätigte Agatha. „Ein Crime passionelle ...", belehrte sie ihn mit dozierender Stimme, „ ...ein Crime passionelle können wir ausschließen. Rache, Eifersucht, unerfüllte Liebe, all das können wir als Tatmotiv vernachlässigen. Wir haben es hier ...", erklärte sie dem staunenden Kater Stranger, „... wir haben es hier vielmehr mit so genannten niederen Beweggründen zu tun: mit Futterneid, mit Gewinnsucht, mit Habgier! Und auf wen ...", so stellte sie die alles entscheidende Frage, „... auf wen könnte dies wohl zutreffen!? Ja, Kater Stranger, wir müssen nur herausfinden, auf wen diese drei Eigenschaften zutreffen und schon haben wir unseren Täter!" „Hm", maunzte der Kater Stranger ungläubig, „hm, dann kann ja jeder der Dieb gewesen sein. Also ich jedenfalls, ich kenne Hunderte, auf die diese Eigenschaften zutreffen", räumte er ein.

Und da hatte der Kater Stranger mit Sicherheit nicht Unrecht. Ja, ich glaube sogar, all die Katzen und Kätzchen und Kater und Katerchen, die jetzt diese Geschichte hören, kommen als Täter in Betracht. Ja, selbst Du kommst als Täter in Betracht. Oder willst Du etwa leugnen, dass Du schon einmal etwas zu Fressen stibitzt hast!? Ja!? Willst Du das wirklich leugnen!? Ja, willst Du das!? Ja, da kannst Du auch noch so unschuldig gucken, ich weiß genau, dass Du schon einmal etwas stibitzt hast! Doch, doch, das weiß ich ganz genau!

Aber Agatha Miezi wäre nicht die kriminalerfahrene Bestsellerautorin gewesen, wenn sie den Fall Hühnerleber nicht hätte lösen können! „Miez, Miez, Miez“, gab sie dem Kater Stranger zur Antwort, was in diesem Falle so viel zu bedeuten hatte wie: „Ts, Ts, Ts!“ „Ein bisschen mehr Raffinesse …“, gab sie ihm zu Bedenken, „… ein bisschen mehr Raffinesse hätte ich ihnen schon zugetraut!“ Sie selbst jedenfalls hatte da schon einen Verdacht, doch den behielt sie wohlweislich erst einmal für sich!

Am nächsten Morgen, nach dem Frühstück, ließ Agatha Miezi ein verführerisches Stück duftender Hühnerleber in ihrem Napf zurück. Sich selbst legte sie unter der Küchenbank auf die Lauer, fest entschlossen, den Dieb, sollte er wiederkommen, auf frischer Tat zu ertappen. Die Tür zur Veranda ließ sie weit geöffnet. „Oh, wie gefährlich!“, werden jetzt alle Katzen und Kätzchen, Kater und Katerchen denken. „Oh, wie gefährlich!“ Wer weiß, was die arme Agatha da erwartete!? Vielleicht ein räudiger Kater oder gar ein bösartiger Hund!?

Ein Marder, ein Dachs, ein Waschbär, alles wäre möglich gewesen.

Und tatsächlich, nach drei Stunden des beharrlichen Wartens ohne ein Miau, ohne ein Schnurren oder Maunzen, hörte sie ganz leise, sanfte Schrittchen. Taps, taps, taps, so leise waren die Schrittchen, dass ein Mensch sie überhaupt nicht hätte hören können. Taps, taps, taps, sie kamen immer näher. Und dann, Taps, taps, taps,bekam Agatha ihn zu Gesicht, den Dieb!

„Einen guten Appetit wünsche ich, Kater Stranger!“, maunzte Agatha mit lauter Stimme aus ihrem Versteck heraus und dem Kater Stranger blieb der Bissen im Halse stecken. „Äh – öhm – äh“, stotterte er und versuchte dabei ein möglichst unschuldiges Gesicht zu machen. „Sie können sich Ihre Erklärungsversuche sparen, Stranger, ich wusste bereits gestern, dass Sie der Täter sind!“, miaute Agatha streng. „Äh – äh – wie …?“, stotterte der Kater Stranger erneut. „Sie haben sich selbst verraten, Kater Stranger, denn nur der Täter konnte wissen, was ich während der Tat getan habe und wo ich mich aufhielt. Ich habe ihnen zwar verraten, dass ich nicht im Haus war, als der Dieb kam, dass ich mich aber auf der Veranda sonnte, das habe ich Ihnen gegenüber nicht erwähnt!“

„Äh – öhm – äh“, versuchte Kater Stranger es noch einmal aufs Neue. „Äh – öhm – äh, es roch so gut! Und, und …“, setzte er zu seiner Verteidigung an. „Miez, Miez, Miez“, wurde er jedoch wieder von Agatha unterbrochen, was abermals so viel bedeuten sollte wie: „ts, ts, ts!“

Und dann fragte sie noch etwas verschmitzt: „Soll ich Ihnen etwas verraten, Stranger!?“ „Ja“, antwortete dieser kleinlaut.

„Klarer Fall …“, sagte sie augenzwinkernd, „… klarer Fall: Bei Hühnerleber hätte ich nicht anders gehandelt!“

Überraschung auf der Ausstellung

Ein Besucher schlendert über eine Katzenausstellung.

An einem Stand bleibt er interessiert stehen und fragt den Besitzer: „Was sind denn das für Katzen?“

„Siamesen“, lautet die stolze Antwort.

„Donnerwetter, sauber getrennt!“

Gott schuf die Katze,
damit der Mensch einen Tiger
zum Streicheln hat.

Victor Hugo

Und Mauschi blieb

von Harald Brock

Als es klingelte, stand mein Freund Friedhelm vor der Haustür. Seine Jeansjacke wölbte sich kräftig vor und etwas bewegte sich darunter.

„Hallo Friedhelm, bist du etwa über Nacht schwanger geworden?“, fragte ich. Statt einer Antwort machte er vorsichtig seine Jacke ein Stück weit auf und ich erhaschte einen Blick auf ein undefinierbares Bündel aus grauem Fell. Das Bündel knurrte und zappelte wild.

„Mauschi!“ Mehr sagte er nicht. Misstrauisch betrachtete ich das Wesen genauer und erkannte, dass es eine Katze war. Sie war grau, getigert, völlig zerzaust und verfilzt, bis auf die Knochen abgemagert – und furchtbar hässlich. Ich merkte, dass sie Angst hatte. Also schloss ich die Haustüre und Friedhelm setzte seine kreischende Beute auf den Boden. Jetzt erst sah ich Friedhelms zerkratzten Hals und die blutenden Hände – Mauschis Werk.

In Panik rannte die Katze in Richtung Küche und versteckte sich unter dem Schrank.

„Woher hast du das Vieh?“, fragte ich nicht sonderlich begeistert. „Streunt seit Tagen oben an der Ruine rum! Aber ich kann sie nicht behalten, mein Kater würde sie umbringen!“

„Ich darf sie bestimmt auch nicht behalten. Du weißt ja, dass mein Vater keine Katzen mag.“

Mit einer Schale Milch versuchten wir dann, das arme Tier aus seinem Exil hervorzulocken – leider erfolglos. Stattdessen ertönte irgendwann jämmerliches Geschrei. „Zwecklos!", meinte ich und öffnete weit die Tür zum Balkon. „Komm, wir lassen sie mal ganz in Ruhe!"

Wir verbargen uns hinter der Küchentüre und warteten. Irgendwann raschelte es und wie ein geölter Blitz schoss Mauschi schlingernd in die Freiheit.

Irgendwann raschelte es und wie ein geölter Blitz schoss Mauschi schlingernd in die Freiheit.

Mitleidig stellte ich eine Schale mit Milch auf die Terrasse und kümmerte mich nicht weiter um sie.

Als ich später die Schale wieder hereinholte, war sie leer, doch von der Katze keine Spur. Ich füllte ein paar Essensreste in die Schale. Abends war sie wieder leer. Ich schaute mich um, sah die Katze aber nicht.

Am nächsten Morgen spendierte ich noch einmal Milch. Am Mittag war die Milch weg. Dann gab es noch mal Essensreste, doch dieses Mal legte ich mich auf die Lauer – und wurde schließlich belohnt. Mit misstrauischem Blick, den Bauch eng am Boden, tastete sich Mauschi durch die Büsche und steuerte vorsichtig ihre Fressstelle an.

„Hallo, Katze!", rief ich leise. „Mauuschii!" Das Tier hob den Kopf, ich bewegte mich nicht, sie blieb und fraß weiter. Dann setzte sie sich und beobachtete die Umgebung. Ich rief sie wieder und machte einen Schritt auf sie zu – husch, weg war sie und ließ sich auch den ganzen Tag nicht mehr blicken. Bis auf etwas Milch gab ich ihr diesmal nichts in die Schale.

Als ich am nächsten Morgen die Terrasse betrat, war die Milchschale leer. „Mauschi, wo bist du denn?" Stille. Ich setzte mich in einen Gartensessel und döste ein.

„Miau!", ertönte es plötzlich kläglich aus einer Ecke. Mit vorwurfsvollem Blick hockte Mauschi vor ihrem Teller. Ich stand auf – Mauschi blieb sitzen. Ich brachte ihr etwas Hackfleisch – und Mauschi lief nicht weg.

Irgendwann durfte ich sie streicheln. Und einige Zeit später mit einer weichen Bürste kämmen. Schon nach einer Woche glänzten ihre Augen und ihr Fell um die Wette. Mauschi sah jetzt ganz und gar nicht mehr hässlich aus.

Als meine Eltern aus dem Urlaub zurückkamen, baute sich mein Vater demonstrativ und unmissverständlich vor der Katze auf, denn sie saß wie selbstverständlich auf seinem Lieblingsplatz auf der Wohnzimmercouch. „Was soll das denn? Die muss sofort weg!"

Aber Mauschi rührte sich nicht. Sie konnte unglaublich unschuldig gucken! Und herzzerreißend maunzen! Und Mauschi konnte gleichzeitig laut schnurren! Das ließ auch meinen Vater nicht kalt. Das Ergebnis: Mauschi blieb! Sie mauserte sich zu einer Prinzessin und ließ meinen Vater nur auf seinen Lieblingsplatz, wenn sie im Gegenzug dafür auf seinem Schoß schlafen durfte.

Black or white

Ein Ehepaar möchte sich zwei Katzen kaufen.

In der Zoohandlung entscheidet sich die Frau für eine weiße und eine schwarze Katze.

Der Mann ist jedoch dagegen: „Wie soll ich die beiden denn auseinanderhalten?“

Sagt der Verkäufer: „Ganz einfach! Die eine hat längere Ohren.“

Glaubt es mir, liebe Freunde:
Die Menschen und
die vernunftlosen Geschöpfe,
die mit ihnen oder für sie leben,
sind samt und sonders Sklaven;
alle, mit Ausnahme der Katze!

Giovanni Raiberti

Versteh einer die Katzen!!!

von Gaby Falk

Vielleicht ist es ja ganz gut, dass die Menschen uns Katzen nicht verstehen können. Sonst würden sie niemals dulden, dermaßen schamlos von uns ausgenutzt zu werden. Kein menschlicher Partner dürfte sich so viel herausnehmen, wie wir es tun, wir Katzen. Oder würden Menschen sich folgende Frechheiten von anderen Menschen bieten lassen?

1. Wir kommen, wann und wie es uns passt.

2. Wir gehen, wann und wie es uns passt.

3. Wir verbringen unsere Nächte, wo es uns passt.

4. Wir verbringen unsere Nächte, mit wem es uns passt.

5. Wir verteilen unsere schnurrenden Zärtlichkeiten nur, wann und wenn es uns passt.

6. Wir verteilen unsere schnurrenden Zärtlichkeiten nur an die, die uns passen.

7. Wir schlafen, wie und wo es uns passt.

8. Wir schlafen so lange, wie es uns passt.

9. Wir paaren uns, mit wem und wann es uns passt.

10. Wir fressen ausschließlich, was uns schmeckt und wann es uns passt.

11. Wir schärfen unsere Krallen nur da, wo es uns passt.

12. Wir schleichen nur um die Beine der Menschen, die uns passen.

Und das alles nur aus purem Eigennutz!!!

Das Kätzchen und die Stricknadeln

von Ludwig Bechstein

Es war einmal eine arme Frau, die in den Wald ging, um Holz zu lesen. Als sie mit ihrer Bürde auf dem Rückwege war, sah sie ein krankes Kätzchen hinter einem Zaun liegen, das kläglich schrie. Die arme Frau nahm es mitleidig in ihre Schürze und trug es nach Hause zu. Auf dem Wege kamen ihre beiden Kinder ihr entgegen, und wie sie sahen, dass die Mutter etwas trug, fragten sie: „Mutter, was trägst du?“, und wollten gleich das Kätzchen haben. Aber die mitleidige Frau gab den Kindern das Kätzchen nicht, aus Sorge, sie möchten es quälen, sondern sie legte es zu Hause auf alte weiche Kleider und gab ihm Milch zu trinken. Als das Kätzchen sich gelabt hatte und wieder gesund war, war es mit einem Male fort und verschwunden.

Nach einiger Zeit ging die arme Frau wieder in den Wald, und als sie mit ihrer Bürde Holz auf dem Rückwege wieder an die Stelle kam, wo das kranke Kätzchen gelegen hatte, da stand eine ganz vornehme Dame dort, winkte die arme Frau zu sich und warf ihr fünf Stricknadeln in die Schürze. Die Frau wusste nicht recht, was sie denken sollte, und dünkte diese absonderliche Gabe ihr gar zu gering. Doch nahm sie die fünf Stricknadeln des Abends auf den Tisch.

Aber als die Frau des andern Morgens ihr Lager verließ, da lag ein Paar neue fertig gestrickte Strümpfe auf dem Tisch.

Aber als die Frau des andern Morgens ihr Lager verließ, da lag ein Paar neue fertig gestrickte Strümpfe auf dem Tisch. Das wunderte die arme Frau über alle Maßen, und am nächsten Abend legte sie die Nadeln wieder auf den Tisch, und am Morgen darauf lagen neue Strümpfe da. Jetzt merkte sie, dass zum Lohn ihres Mitleids mit dem kranken Kätzchen ihr diese fleißigen Nadeln beschert waren, und ließ dieselben nun jede Nacht stricken, bis sie und die Kinder genug hatten. Dann verkaufte sie auch Strümpfe und hatte genug, bis an ihr seliges Ende.

Die Katze ist das einzige vierbeinige Tier,
das dem Menschen eingeredet hat,
er müsse es erhalten, es brauche aber
dafür nichts zu tun.

Kurt Tucholsky

Mäuse und Alkohol

Warum trinkt eine Maus keinen Schnaps?

Sie hat Angst vor dem Kater.

Tierfreundschaft

von Harald Brock

Ich war elf und wir hatten einen Hund: Cuno, ein deutscher Schäferhund, wild, laut und unberechenbar. Wenn mein Vater nicht da war, durfte Cuno nicht aus seinem Zwinger, denn er hatte die Angewohnheit, unseren liebevoll gepflegten Garten in eine Trümmerlandschaft zu verwandeln. Wie man unzweifelhaft erkennen kann, eignete sich Cuno als Spielkamerad nur bedingt – nun ja, seine eigentliche Aufgabe war eben die eines Wachhundes, und genau das war er, wenn er nicht schlief.

Als ich an einem Sommertag keine Lust auf Hausaufgaben hatte, verzog ich mich in den Garten in mein Lieblingsversteck zwischen den Johannisbeerbüschen und träumte so vor mich hin. Plötzlich tauchte ein kleines, grau getigertes Kätzchen vor mir auf. Es schien mich zu mögen und war darüber hinaus kein bisschen scheu. So entwickelte sich ein amüsantes Spiel zwischen Tier- und Menschenkind, in dessen Verlauf ich nicht nur die Hausaufgaben vergaß, sondern außerdem das Kätzchen anfassen und auf den Arm nehmen durfte. Erfreut wollte ich mit meiner neuen Freundin zur Terrasse laufen, um mich mit meiner Mutter über einen passenden Namen zu beraten. Dazu mussten wir allerdings an Cuno vorbei, der in seinem Zwinger auf der Lauer lag, um alles anzubellen, was ihm in irgendeiner Weise an der Nase vorbeilief.

Dieser Aufgabe kam er auch dieses Mal nach, aber in einer Weise, wie ich es in meinem Leben noch nie erlebt hatte. Er gebärdete sich so wild, dass ich fürchtete, er könne seinen aus massivem Gitterstabgeflecht gebauten Zwinger abreißen. Die kleine Katze krallte sich schmerzhaft in meinen Arm, dann kletterte sie auf meine Schulter und begutachtete die Lage aus erhöhter Position.

Die kleine Katze krallte sich schmerzhaft in meinen Arm.

Obwohl Cuno nicht müde wurde, das winzige Wesen anzubellen, sprang das Kätzchen schließlich zu Boden und betrachtete das Ungeheuer seelenruhig aus vielleicht eineinhalb Meter Entfernung.

Cuno ließ keine Ruhe. Da geschah etwas, womit ich nicht gerechnet hatte. Der kleine Tiger wurde mutig. Mit hocherhobenem Schwanz schlich er immer näher auf den Zwinger zu, dabei fixierte er den tobenden Hund mit eindringlichem Blick. Als er wenige Zentimeter vor dem Gitter haltmachte, steckte Cuno zähnefletschend seine Schnauze durch die Stäbe. Mir stockte der Atem. Das kleine Katzenkind schlug dem wütenden Hund mehrmals mit dem Pfötchen auf die Nase und zwängte sich anschließend einfach in den Zwinger. Stumm vor Schreck sah ich meine mutige Freundin schon zermalmt zwischen den Zähnen dieses Hunde-Ungeheuers. Der sprang wie ein Derwisch unentwegt vor dem Tierchen hin und her. Gänzlich unbeeindruckt hockte die Katze aber nur erhobenen Hauptes vor dem Wüterich und sah ihn hochmütig an.

Urplötzlich änderte Cuno sein Verhalten. Er sprang zwar immer noch hin und her, aber es sah nun spielerisch aus: Zu seinem Bellen mischte sich ein lustiges Jaulen. Ich konnte es nicht fassen. Was passierte da? Cuno streckte sich auf die Vorderpfoten, schnüffelte an dem kleinen Geschöpf, bekam was auf die Nase, sprang auf, bellte, schnüffelte, bekam einen Nasenstüber …

Dann legte sich Cuno mit dem Kopf auf den Vorderpfoten vor das Kätzchen und winselte leise. Die Katze erhob sich und näherte sich langsam, bis beide Nasen einander sekundenlang berührten. Cuno verdrehte die Augen und hielt still, der kleine Tiger leckte Cunos Nase.

Meine Eltern wollten es nicht glauben, aber diese Freundschaft hielt, bis Cuno starb.

Katz und Maus

von Irrlicht

Da beißt die Maus den Faden ab
Die Katze kommt, bringt sie auf Trab
Unter Tische, Stühle, Bänke
Wände rauf und unter Schränke.
Rettung naht der Maus dann doch
In runder Form – das Mauseloch.

Die Katze rennt und holt noch auf
Ein Endspurt – doch im vollen Lauf
Verfängt sich was an ihrem Bein
Das kann ja nur der Faden sein
Die Katze strampelt, ist benommen
Die Maus hat noch 'ne Chance bekommen.

Das Loch ist nah, die Maus ist dumm
Bremst ab, ist froh und dreht sich um.
Doch dann passiert's, der Faden reißt
Es kommt, wie's muss, die Katze beißt.
Und die Moral von der Geschichte,
Ein Blick zurück macht's oft zunichte.

Die Katze schmeichelt uns nicht,
sie lässt sich von uns schmeicheln.

Antoine Comte de Rivarol

Die Katze und die Frau

nach einer Legende aus Afrika

Als die Katze noch nicht bei den Menschen wohnte, sondern noch frei und wild im Busch umherstreifte, fühlte sie sich eines Tages einsam. Da machte sie sich auf die Suche nach einem mächtigen Tier, das ihr ebenbürtig sein sollte. So suchte sie zunächst die Gesellschaft und Freundschaft eines Hasen.

Der Hase aber geriet eines Tages in Streit mit einem Hirsch und wurde im Kampf von diesem getötet. Daraufhin schloss sich die Katze dem stärkeren Tiere an und zog mit dem Hirsch weiter. Kurze Zeit darauf jedoch wurde der Hirsch von einem Leoparden angegriffen und nach kurzem Kampf getötet. Doch kaum war dieser Kampf zu Ende, tauchte auch schon ein Löwe auf, der dem Leoparden mit seinen mächtigen Pranken drohte und ihn schließlich davonjagte. Also entschloss sich die Katze, fortan beim Löwen zu leben, denn dieser erschien ihr als das mächtigste und gefährlichste Tier weit und breit und so fühlte sie sich sicher bei ihm.

Eines Tages jedoch stießen die beiden auf eine wilde Elefantenherde und der Löwe wurde von einem Elefanten zu Tode getrampelt. Gerade wollte sich die Katze dem Elefanten anschließen, da schoss ein Jäger aus einem Versteck heraus einen vergifteten Pfeil auf den Elefanten. So starb auch dieser – während die Herde in panischer Angst davonraste.

„Dieses seltsame zweibeinige Geschöpf wird wohl das mächtigste aller Wesen sein“, dachte sich die Katze. „So schmächtig es auch aussieht: Es hat das größte Tier, den viel stärkeren Elefanten, bezwungen.“

Und so beschloss die Katze, sich diesem Wesen anzuschließen. Sie folgte dem Jäger bis zu dessen Hütte, traute sich aber nicht sofort hinein, sondern legte sich am Eingang auf die Lauer. Plötzlich ertönte ein Keifen und Schimpfen aus der Hütte und der mächtige Elefantenjäger stürzte heraus – verfolgt von seiner schmächtigen Frau, die mit einem großen Holzlöffel nach ihm schlug.

Und so beschloss die Katze, sich diesem Wesen anzuschließen.

„Na endlich“, überlegte die Katze, „habe ich das stärkste und mächtigste Wesen gefunden, das Wesen, das mir ebenbürtig ist. Selbst jener, der den Elefanten bezwungen hat, fürchtet sich vor ihm. Mit diesem Wesen werde ich fortan zusammenleben!“

Und die Katze ging schnurrend in das Haus und in die Küche. Dort legte sie sich an den Ofen und blieb.

Die 9 Leben einer Katze

von Gaby Falk

1. Leben

geboren werden von einer Löwenmutter im Miniaturformat, dicht gedrängt und aneinander geschmiegt mit den Geschwisterchen an den Zitzen der Mutter saugen, von ihr sauber geleckt werden, schlafen, saugen, Milch schlabbern, schlafen, Augen öffnen, Purzelbäume schlagen, schlafen, auf vier Pfoten stehen und gehen lernen, mit den Geschwistern tollen und rollen und in sie hineinbeißen, schlafen, saugen, kämpfen, ohne Grund mit allen Vieren in die Luft springen, schlafen, dem eigenen Schwanz nachjagen, Milchzähnchen verlieren, tollen, saugen, Ausflüge machen, nach Mücken springen, vom Tisch fallen, überleben ...

2. Leben

ohne die Mutter sein, sich an Menschen gewöhnen, schlafen, fressen, Menschen an sich gewöhnen, Purzelbäume schlagen, schlafen, sich waschen, schreien, bis man Fressen bekommt, schreien, bis man Aufmerksamkeit bekommt, schreien, bis die Tür aufgemacht wird, fressen, spielen, raufen, nach dem eigenen Schwanz und nach Vögeln jagen, vom Baum fallen, überleben ...

3. Leben

mausen, schlafen, ruhen, fressen, noch einen Purzelbaum machen, mausen, ruhen, schreien, sich waschen, schlafen, fressen, waschen, schnurren, Schmetterlingen nachjagen, vor ein Auto laufen, überleben ...

4. Leben

mausen, schlafen, fressen, sich ausgiebig waschen, schreien, überleben ...

5. bis 7. Leben

siehe 4. Leben

8. Leben

noch mehr schlafen, weniger fressen, nicht mehr mausen, überleben ...

9. Leben

schlafen, warten, Abschied nehmen

Der kleine Hunger

In einer Tierhandlung fragt ein Kunde nach dem Preis einer Katze.

„170 Euro“, antwortet der Händler.

„Warum ist die so teuer? Ist es eine seltene Rasse?“, fragt der Kunde.

„Nein, aber sie hat gestern unseren Papagei für 150 Euro gefressen!“

Die List der Katze

nach Pu Songling

Während der Regierung des Kaisers Wan Li hauste in dessen Palast eine Ratte von der Größe einer Katze. Sie richtete großen Schaden an. Überall im Land wurden die besten Katzen eingefangen, doch die Ratte besiegte alle und fraß sie auf.

Wie es der Zufall wollte, erhielt der Kaiser unter allerlei Tributgeschenken aus einem fremden Land eine schneeweiße Löwenkatze. Unverzüglich brachte man sie in den Teil des Palastes, in dem die Ratte gewöhnlich ihr ärgstes Unwesen trieb. Man verriegelte alle Türen und beobachtete den Raum durch einen Spalt. Eine geraume Zeit saß die Katze einfach nur da. In aller Seelenruhe schlich sich endlich die Ratte aus ihrem Loch. Als sie die Katze gewahrte, stürzte sie auf sie zu. Die Katze wich mit einem geschmeidigen Satz auf den Tisch. Sofort jagte die Ratte ihr nach, woraufhin die Katze wie ein Blitz wieder auf den Boden sprang. So ging es hinauf und hinunter, mehr als hundert Mal. Die Zuschauer, die alles durch den Türspalt beobachteten, gaben missmutige Laute von sich. Sie dachten, die Katze sei feige und zu nichts zu gebrauchen.

Aber je länger die Verfolgungsjagd dauerte, desto langsamer und spärlicher erfolgten die Attacken der Ratte, bis schließlich ihre Bewegungen so erlahmten, dass sie keuchend in der Mitte des Zimmers sitzen blieb.

Diesen Moment hatte die schlaue Katze abgewartet. Mit einem gewaltigen Sprung stürzte sie vom Tisch herab, krallte sich im Rückenfell der erschöpften Ratte fest und schlug ihr die Zähne in den Nacken. Doch noch war Leben in der Ratte. Kämpfend wälzten beide Tiere sich auf dem Boden hin und her, die Katze kreischte, die Ratte fiepte. Dann wurde es still.

Da rissen die Palastdiener die Tür auf und sahen mit einem Blick, dass die Ratte tot war. Die Katze aber begann sich ausgiebig zu waschen.

Nun begriffen die Leute, dass die Katze nicht aus Feigheit ausgewichen war, sondern aus List. Sie hatte gewartet, bis die Ratte völlig erschöpft war. Dem Angreifer wich sie immer wieder elegant und Kräfte sparend aus, den Entweichenden griff sie schließlich an.
Das war ihre List.

Die Ratte aber, gleicht sie nicht dem, der in der Not kopflos zum Schwert greift?

Die Augen einer Katze sind Fenster,
die uns in eine andere Welt blicken lassen.

aus Irland

Schöne Fraun mit schönen Katzen

von Joachim Ringelnatz

Schöne Fraun und Katzen pflegen
Häufig Freundschaft, wenn sie gleich sind,
Weil sie weich sind
Und mit Grazie sich bewegen.

Weil sie leise sich verstehen,
Weil sie selber leise gehen,
Alles Plumpe oder Laute
Fliehen und als wohlgebaute
Wesen stets ein schönes Bild sind.

Unter sich sind sie Vertraute,
Sie, die sonst unzähmbar wild sind.

Fell wie Samt und Haar wie Seide.
Allverwöhnt. – Man meint, dass beide
Sich nach nichts, als danach sehnen,
Sich auf Sofas schön zu dehnen.

Schöne Fraun mit schönen Katzen,
Wem von ihnen man dann schmeichelt,
Wen von ihnen man gar streichelt,
Stets riskiert man, dass sie kratzen.

Denn sie haben meistens Mucken,
Die zuletzt uns andre jucken.
Weiß man recht, ob sie im Hellen
Echt sind oder sich verstellen?

*Weiß man, wenn sie tief sich ducken,
Ob das nicht zum Sprung geschieht?
Aber abends, nachts, im Dunkeln,
Wenn dann ihre Augen funkeln,
Weiß man alles oder flieht
Vor den Funken, die sie stieben.*

*Doch man soll nicht Fraun, die ihre
Schönen Katzen wirklich lieben,
Menschen überhaupt, die Tiere
Lieben, dieserhalb verdammen.*

*Sind Verliebte auch wie Flammen,
Zu- und ineinander passend,
Alles Fremde aber hassend.*

*Ob sie anders oder so sind,
Ob sie männlich, feminin sind,
Ob sie traurig oder froh sind,
Aus Madrid oder Berlin sind,
Ob sie schwarz, ob gelb, ob grau, –*

*Auch wer weder Katz noch Frau
Schätzt, wird Katzen gern mit Frauen,
Wenn sie beide schön sind, schauen.*

*Doch begegnen Ringelnatzen
Häßlich alte Fraun mit Katzen,
Geht er schnell drei Schritt zurück.
Denn er sagt: Das bringt kein Glück.*

So weit die Pfoten tragen

von Gaby Falk

Ich heiße Schmitz. Weiß der Geier warum. Vielleicht, weil ich verschmitzt bin oder weil meine Dosenöffner Schmitz heißen oder weil Miez oder Pussy so gar nicht zu mir passen oder ...

Also, ich heiße Schmitz, bin ziemlich hässlich, finden Menschen jedenfalls. Ich habe ein Fell, in dem sämtliche Farben der Katzenwelt vereint sind. Ein Auge ist gelb, das andere grün. Aber ich fühle mich wohl in meiner Katzenhaut und sehe auch bei Nacht sehr scharf. Ich habe einen fantastisch ausgeprägten Geruchssinn, höre wie zwei Luchse gleichzeitig und mir entgeht nichts. Alle meine Sinne sind scharf, hellwach und ich liege immer auf der Lauer. Auch wenn Mensch denkt, ich schlafe.

Ich habe mein Revier bei mir zu Hause. Und da traut sich keiner von dem anderen Katzenvolk der Nachbarschaft rein. Ich habe meine festen Zeiten und davon rücke ich selten mal eine Minute ab. Eigentlich bin ich ein Spießer. Eigentlich brauche ich niemanden und dulde allenfalls meine Menschen. Und eins brauche ich schon gar nicht – und das ist Urlaub! Ich habe immer Urlaub.

So eine Katze wie mich nimmt man doch nun wirklich nicht mit in den Urlaub! Doch nicht nach Südfrankreich! Doch nicht im Auto – stundenlang! Doch nicht auf einen Campingplatz – wochenlang! So eine Katze kann man doch nicht anleinen! Und überhaupt – so eine Katze wie ich gehört in ihr sicheres

Zuhause. Meine Schmitzens waren jedoch anderer Meinung. Sie wollten mich mitnehmen in den Urlaub. Nach Südfrankreich. Auf einen Campingplatz. An der Leine neben dem Wohnwagen sollte ich in dem Trubel sitzen und schmachten nach allem, was mein Katzenleben sinn- und wertvoll macht: schmachten nach verstecktem Lauern, nach raschelnden Nagetierchen, nach verdösten, lauschigen, endlos langen Stunden des Herumliegens, nach Ruhe, Stille, in der ich meine Ohren spitze, nach Kommen und Gehen, wann ich es für richtig halte, nach meinem von mir klar abgesteckten Revier, nach meinem Thron.

Aber das Schärfste kommt noch: In einer Transportbox sollte ich die meiste Zeit der Reise verbringen!!! Ich glaubte zu spinnen. Ich spinne ja gerne, vor allem an heißen Sommernachmittagen, irgendwo versteckt im Schatten. Aber so nach Menschenart zu spinnen macht mich böse und erfinderisch.

Aber das Schärfste kommt noch: In einer Transportbox sollte ich die meiste Zeit der Reise verbringen!!!

Also fing ich schon in Luxemburg erbärmlich an zu schreien, als der erste Tankstopp gemacht wurde. Ich hechelte, japste, ließ die Zunge aus dem Maul hängen, blökte wie ein erstickendes Schaf und pinkelte erbost in meinen Transportkorb.

Danach ließen sie mich wenigstens aus dem Korb raus und ich konnte im Auto herumstöbern – aber an der Leine. Eine Katze an der Leine! Dass ich nicht fauche! Aber ich hätte ja unter die Pedale rutschen können, sagten sie. Auch Quatsch. So was tun wir nicht.

Na ja. Eine Viertelstunde habe ich mir das gefallen lassen. Dann habe ich wieder randaliert. Hecheln – Blöken – Japsen – Hyperventilieren – Pinkeln – das ganze Programm. Das Kind auf der Rückbank machte mit. War es zuerst noch auf meiner Seite gewesen und hatte Mitleid mit mir gehabt, war es jetzt so genervt von meinem Getue, dass es ebenfalls randalierte. Die Eltern wurden zunehmend nervöser, dem Vater lief der Schweiß in den Nacken, er fuchtelte und zerrte immer ruckeliger am Lenkrad. Bis ich schließlich zum Äußersten greifen musste. Ich benutzte die Hutablage als Katzenklo und erbrach mich gleichzeitig auf die Schulter des Kindes. Das war genau in dem Moment, als wir die französische Grenze passierten. Da endlich machten wir eine weitere Pause.

Der Oberschmitz lenkte den Wagen auf einen Rastplatz. An der Leine ließen sie mich aus dem Auto, um dieses in aller Hektik zu reinigen. Alle waren jetzt genauso genervt wie ich. Das war gut. Ich zog wie verrückt an der Leine. Das Kind, das mich hielt, passte nicht auf – ein Katzensprung und weg war ich. Mitsamt der Leine.
Ich rannte wie ein geölter Blitz davon, hörte noch die albernen Rufe: „Schmiiitz! Schmiiitz! Schmietz! Mietz!“

Und dann sah ich sie nicht mehr. Und dann hörte ich sie auch nicht mehr. Als ich weit hinter dem Maschendrahtzaun angelangt war, der den Rastplatz umgab, wurde die Gegend sogar richtig schön. Keine Autogeräusche waren mehr zu hören, keine menschlichen Spuren zu sehen und zu riechen, stattdessen gab es Gras und Wald. An einem lauschigen Plätzchen machte ich erst mal eine ausgiebige Katzenwäsche. Die Leine und das Halsband waren dabei allerdings sehr lästig.

Und nun schaltete sich mein unvergleichlicher Ortssinn ein. All meine Sinne begannen sich zu orientieren. Der Navigator in meinem Katzenhirn war aktiviert. Ich nahm Witterung auf, schnupperte, ortete die elektromagnetischen Felder im Boden und lauschte. Auch die Sonne zeigte mir den Weg und so war mir die Himmelsrichtung, die ich einschlagen musste, schnell klar. Ich machte mich auf den Nachhauseweg!

Die erste Etappe inmitten der Natur genoss ich sehr, fand Fressen und Wasser und kam gut voran.

Aber die schrecklichen Einzelheiten der weiteren Wegstrecke möchte ich euch ersparen. Ich bin fast verhungert, verdurstet. Ich schlief in Bäumen und habe mich einmal beinahe erwürgt mit diesem dämlichen Halsband und der Leine. Erst als ich so dünn war, dass ich den Kopf aus der Schlinge ziehen konnte, war ich beide endlich los.

Und ich lief und lief und lief ...

Und meine Pfoten wurden wund ...

Und meine Krallen waren abgewetzt ...

Und mein Fell wurde staubig und stumpf ...

Und ich war müde, so müde ...

Und ich wurde so mager und schwach ...

Ich überquerte gefährliche Autobahnen ...

Ich lief durch Wälder ...

Ich jagte auf Feldern ...

Und ich lief und lief ...

Jetzt, nach drei Monaten, bin ich schon in einem großen Park vor der Stadt. Ob ich mich da getäuscht habe? Ich bin ja nun ziemlich entkräftet und in der großen Stadt ist es ja auch nicht ungefährlich ... Die vielen Autos ... Die vielen Hunde ... Die vielen Menschen, die mich fangen wollen ...

Noch bin ich nicht zu Hause. Aber es ist nicht mehr weit. Das spüre ich. Noch durch diesen Park ... Dann noch über eine stark befahrene Straße, die ich von hier aus höre und deren Geräusche immer bis zu mir nach Hause in den Garten drangen ... Wenn ich nur noch ein kleines bisschen durchhalten könnte ...

Ob sie es dann noch wagen, mich vom Sofa zu verscheuchen oder mich ins Auto zu verfrachten ...?

Die Mäuse

von Lew Nikolajewitsch Tolstoj

Die Katze machte den Mäusen das Leben schwer. Es verging kein Tag, an dem nicht zwei, drei Mäuse gefressen wurden.

Einmal versammelten sich die Mäuse und berieten, wie sie sich vor der Katze schützen könnten. Sie überlegten hin und her, konnten aber nichts finden.

Da sagte ein Mäuschen: „Ich weiß, wie man sich vor der Katze schützen kann. Sie fängt uns, weil wir nicht wissen, wann sie kommt. Man müsste ihr eine Glocke um den Hals hängen: Wenn sie dann kommt, hören wir sie und können davonlaufen.“

„Das hast du dir gut ausgedacht“, sagte eine alte Maus, „aber häng doch einmal der Katze die Glocke um den Hals. Wir wären dir dankbar!“

Schlusswort

Was sagt eine Maus, wenn eine Katze sie am Schwanz gepackt hat?

„Das ist mein Ende!“

Dr. Turton sagt:
„Die Katze hat ein ausdrucksvolleres Stimmorgan
als jedes andere Tier: das Gurren der Wonne,
das Schnurren der Zufriedenheit, das Miauen
des Kummers, das Knurren des Zorns und
das schreckliche Jaulen des Schmerzes."

Charles H. Ross

Junge Kätzchen

von Ludwig Jacobowski

Fünf Kätzchen vorm Fenster und Lieschen dazu,
die stehen zusammen schon längst auf Du.
Trippelt zum Garten sie in der Früh',
wartet Frau Miezekatz schon auf sie,
putzt die vier kleinen noch akurat;
jeder macht gern mit den Kindern Staat.

Die Kätzchen haben heut' Augen gekriegt,
gucken ganz dumm und blinzeln vergnügt.
Wenn solch ein großes Wunder gescheh'n,
das muss die Mutter doch auch mal seh'n!
Holt noch ein Näpfchen, so ein klein's,
macht für die Kätzchen was Extrafein's.
Das ist ein Springen, hinauf und hinab,
lecken sich alle Pfoten ab.

Durch den Apfelbaum, schwerbelaubt,
fällt der Mutter ein Strahl aufs Haupt,
glänzt dann auf Lieschens Blondhaar hell,
gleitet hernieder aufs Katzenfell,
bis zu den Kätzchen winzig und klein
kriegt jedes sein bisschen Sonnenschein.

Als Gott das Haustier erschuf

frei aus dem Englischen übersetzt

Als Adam aus dem Garten Eden vertrieben wurde, sagte er traurig: „O Herr, im Paradies bist du mir immer zur Seite gewesen, nun kann ich dich nicht mehr sehen. Ich bin so einsam und es fällt mir immer schwerer, mich an deine große Liebe zu erinnern."

Und Gott antwortete ihm: „Ich werde einen Begleiter für dich erschaffen, der meine Liebe widerspiegeln wird, auch wenn du mich nicht sehen kannst. Dieser neue Freund wird für immer bei dir bleiben, egal wie egoistisch, kindisch und unliebsam du auch sein magst. Er wird dich so akzeptieren, wie du bist, und er wird dich lieben, wie ich es tue."

Und Gott schuf Adam einen vierbeinigen Freund und es war ein gutes Tier – und Gott war zufrieden. Und das Tier, froh bei Adam zu sein, wedelte mit dem Schwanz. Adam fragte: „Herr, wie soll ich dieses Tier nennen?" Und Gott sagte: „Nenn es Hund!"

Hund lebte mit Adam und war ihm ein treuer Freund und Adam fühlte sich getröstet und Gott war zufrieden. Auch Hund war zufrieden und wedelte mit dem Schwanz.

Da trat eines Tages Adams Schutzengel zu Gott und sagte: „Herr, Adam ist überheblich geworden. Voller Eitelkeit und Stolz denkt er, alle müssten ihn vergöttern. Hund gibt ihm zwar Liebe, aber er hat ihn keine Demut gelehrt."

Und Gott sagte: „Ich werde einen neuen Begleiter für ihn schaffen, der ihn so sieht, wie er wirklich ist, und der ihn in seine Grenzen weisen wird. Er wird ihm zeigen, dass er es nicht wert ist, so abgöttisch verehrt zu werden."

Und so schuf Gott die Katze. Und die Katze gehorchte Adam nicht.

Und so schuf Gott die Katze. Und die Katze gehorchte Adam nicht. Und sie liebte ihn nicht. Und sie wedelte nicht mit dem Schwanz. Und sie vergötterte ihn auch nicht. Und als Adam tief in die Katzenaugen blickte, wusste er mit einem Mal, dass er KEIN göttliches Wesen war, und Adam lernte Demut und Gott war zufrieden und Hund wedelte unterwürfig mit dem Schwanz und Katze war es schlichtweg egal!

Berühmte Leute und ihre Katze(n)

Kardinal Richelieu (1585–1642), mächtig, ehrgeizig und sehr einflussreich, ging über Leichen, um seine Ziele durchzusetzen. Seinen Katzen jedoch krümmte er kein Haar, umgab sich in seinem privaten Bereich mit auserwählten Lieblingen und hinterließ ihnen nach seinem Tod gar eine stattliche Pension.

Ludwig XIII., von 1610 bis 1643 König von Frankreich, arbeitete eng mit Kardinal Richelieu zusammen, setzte der von der Kirche verordneten Katzenverbrennung ein Ende und nahm jeden Morgen eine weiße Katze, die auch bei ihm schlief, zu Versammlungen des Königlichen Rates mit.

Papst Pius IX. (1792–1878) war bekannt für seine Katzenliebe. Seine Katze speiste gar nach ihrem Herrn am selben Tisch.

Charles Dickens (1812–1870), Schriftsteller, liebte Katzen über alles. Eine seiner Katzen hieß Wilhelm, wurde aber nach der Geburt ihrer ersten Kätzchen in Wilhelmine umbenannt.

Charles Pierre Baudelaire (1821–1867) war erklärter Katzenfreund und schrieb mehrere Gedichte über Katzen. Wo immer er hinging, lockte er streunende Katzen heran und streichelte sie.

Harrison William Weir (1824–1906) war Maler, Schriftsteller und Journalist. Er gründete 1887 den National Cat Club und kam als Erster auf die Idee, Edelkatzen einer breiten Öffentlichkeit zu präsentieren.

Louis Wain (1860–1939) hatte sich durch teils humoristische, teils exzentrische Darstellungen vermenschlichter Katzen eine Namen gemacht. Er wurde zum Vorsitzenden des National Cat Club ernannt, half den oft geschmähten, mit Verachtung gestraften Samtpfoten zu einem besseren Status in seinem Land und setzte sich aktiv für den Tierschutz ein.

Sidonie Gabrielle Colette (1873–1954) war Schriftstellerin und leidenschaftliche Tierfreundin. Ihre Texte zeugen von besonders großem Einfühlungsvermögen in Bezug auf Katzen. Sie gilt als eine der größten Katzenliebhaberinnen der literarischen Welt.

Paul Klee (1879–1940) gehört zu den originellsten Vertretern der Malerei des 20. Jahrhunderts. Von Katzen war er regelrecht fasziniert: Er bildete sie in seinen Zeichnungen ab, fotografierte und malte sie. Er besaß selbst mehrere Samtpfoten, die er auf Zelluloid bannte und damit unsterblich machte.

Meine Liebe ist wie ein Kätzchen.
Und mein Herz ist ein Wollknäuel.

Henry S. Leigh

Warum wir Katzen Schnurrhaare haben

von Gaby Falk

Lieber Kater Murr,

danke für Deinen lieben Brief. Warum wir Katzen Schnurrhaare haben, wolltest Du wissen. Nun, ich habe recherchiert, obwohl ich die Antwort selbst ganz genau kenne. Mit einem Pfötchendruck habe ich den Computer meiner Dosenöffner hochgefahren und dann habe ich gegoogelt.

Du glaubst nicht, was für absurde Vorstellungen die Menschen haben und was sie im Ernst zu wissen glauben.

So denken einige doch tatsächlich, dass wir unsere Schnurrhaare nur zum Schmuck tragen, so wie es bei ihnen die Männchen tun. Ihre Männer lassen sich manchmal zentimeterlange Oberlippenbärte wachsen, deren Enden sie gar zu Locken wickeln. Nachts schlafen sie sogar mit Schnurrbartbinden, stell Dir das mal vor!

Nur die Weibchen der Menschen tragen komischerweise nicht so gerne Bart. Sie reißen ihn sich sogar Haar für Haar aus. Immer und immer wieder. Es scheint nicht sehr weiblich zu sein, so wie bei uns. Die Frauen schämen sich regelrecht ihrer Oberlippenhaare. Der Damenbart ist völlig out und wird auf äußerst schmerzhafte Weise mit Pinzetten oder heißem Wachs entfernt. Das muss doch höllisch wehtun! Au! Miau!

Ich mag es so gern, Dich mit meinen langen Schnurrhaaren zu begrüßen und abzuscannen.

Bei uns Katzen macht es doch gar keinen Unterschied. Im Gegenteil. Ich mag es so gern, Dich mit meinen langen Schnurrhaaren zu begrüßen und abzuscannen, Dich Wange an Wange mit meinen Barthaaren abzutasten.

Viele Menschen glauben auch, dass wir die Schnurrhaare brauchen, um eine enge Stelle zu passieren. Sie denken: Wenn die Schnurrhaare durch eine enge Lücke passen, passt auch die ganze Katze durch. Na ja, aber da haben wir ja auch noch andere Sinne, um das herauszufinden.

Manch ein Mensch hat sich Gedanken um unsere Barthaare gemacht. Manch ein Wissenschaftler hat Untersuchungen angestellt. An einigen ist ja was Wahres dran. So gebrauchen wir unsere Schnurrhaare, die wir ja nach vorne, hinten und seitlich bewegen können

- um uns in totaler Finsternis zu orientieren und vorwärtszutasten
- um sie bei Feuer oder zu heißen Speisen als Temperaturfühler zu benutzen (Dabei halten wir die Schnurrhaare weit vor die Nase. Ich habe mir übrigens schon mal – als ich noch klein war – die Schnurrhaare am Grill versengt.)
- um sie als Windmesser zu benutzen (Wir ermitteln so die Windrichtung und die Windstärke.)
- um lästige Insekten fernzuhalten
- um beim Küssen zusätzliche erotische Reibung zu erhalten
- um Vibrationen zu erspüren.

Wir haben so an die 24 Barthaare, 12 an jeder Seite in 4 Reihen. Sie bilden also quasi so eine Art Radarsystem, verstehst Du!?

Und warum wir schnurren, will ich Dir gleich auch mit erklären. Damit unsere Menschen glauben, sie seien der Grund für unser Wohlbehagen, darum schnurren wir laut und vernehmlich, es ist die Vibration der Zärtlichkeit. Und wenn ich um meine Menschen streiche und sie mich streicheln, dann frage ich mich manchmal: „Wer streichelt hier eigentlich wen?"

Nun ja, das ist die Wahrheit, geliebter kleiner Kater Murr: Wir Katzen haben die Schnurrhaare nur zum Schnurren! Und wir schnurren nur, um uns selber zu gefallen!

So viel für heute, jetzt muss ich mich räkeln.

Deine Mizzi

Von Katzen

von Theodor Storm

Vergangnen Maitag brachte meine Katze
Zur Welt sechs allerliebste kleine Kätzchen,
Maikätzchen, alle weiß mit schwarzen Schwänzchen.
Fürwahr, es war ein zierlich Wochenbettchen!
Die Köchin aber, Köchinnen sind grausam,
Und Menschlichkeit wächst nicht in einer Küche –
Die wollte von den sechsen fünf ertränken,
Fünf weiße, schwarzgeschwänzte Maienkätzchen
Ermorden wollte dies verruchte Weib.

Ich half ihr heim! – Der Himmel segne
Mir meine Menschlichkeit! Die lieben Kätzchen,
Sie wuchsen auf und schritten binnen kurzem
Erhobnen Schwanzes über Hof und Herd;
Ja, wie die Köchin auch ingrimmig drein sah,
Sie wuchsen auf, und nachts vor ihrem Fenster
Probierten sie die allerliebsten Stimmchen.
Ich aber, wie ich sie so wachsen sahe,
Ich preis mich selbst und meine Menschlichkeit.

Ein Jahr ist um, und Katzen sind die Kätzchen,
Und Maitag ist's! – Wie soll ich es beschreiben,
Das Schauspiel, das sich jetzt vor mir entfaltet!
Mein ganzes Haus, vom Keller bis zum Giebel,
Ein jeder Winkel ist ein Wochenbettchen!
Hier liegt das eine, dort das andre Kätzchen,
In Schränken, Körben, unter Tisch und Treppen,
Die Alte gar – nein, es ist unaussprechlich,
Liegt in der Köchin jungfräulichem Bette!

Und jede, von den sieben Katzen
Hat sieben, denkt euch! sieben junge Kätzchen,
Maikätzchen, alle weiß mit schwarzem Schwänzchen!
Die Köchin rast, ich kann der blinden Wut
Nicht Schranken setzen dieses Frauenzimmers;
Ersäufen will sie alle neunundvierzig!
Mir selber, ach, mir läuft der Kopf davon –
O Menschlichkeit, wie soll ich dich bewahren!
Was fang ich an mit sechsundfünfzig Katzen!

Problem einer Katze

Zwei Katzen gehen durch den Wald.

Da sagt die eine: „Ich habe ein Problem."

Darauf fragt die andere Katze: „Was denn?"

Sagt die erste: „Ich muss mal Pipi machen!"

„Dann mach doch", erwidert die zweite.

Meint die erste: „Geht nicht. Oder siehst du hier irgendwo ein Katzenklo?"

Sprichwörtlich gedacht: Wer ist das?

von Gaby Falk

Sie lässt das Mausen nicht.
Nachts ist sie grau.
Sie fällt immer auf die Füße.
Wenn alles umsonst war, dann war es für sie.
Man soll sie nicht im Sack kaufen, aber wenn es so weit ist,
lässt man sie aus demselben.
Manchmal sitzt sie auf einem heißen Blechdach
und wird Dachhase genannt.
Sie wäscht sich ausgiebig,
aber wenn Mensch sich so wäscht,
dann wird er nicht sauber.
Morgens nach durchzechter Nacht
erscheint sie in männlicher Form und jammert.
Auch wenn Mensch zu viel Sport getrieben hat,
kommt der maskuline Teil von ihr schmerzhaft zum Vorschein,
und zwar ungestiefelt.
Wenn sie Musik macht, hält Mensch sich besser die Ohren zu.
Ihre Zunge schmeckt süß – ihre Pfötchen nach Lakritz.
Wenn sie aus dem Haus ist, tanzen die Mäuse auf dem Tisch.
Der Vogel, der zu früh singt, wird am Abend von ihr gefangen.
Sie schleichen um den heißen Brei.
Sie haben neun Leben.
Und nur sie ist so anschmiegsam wie eine …

Na, wer ist das? Ich sag's euch nicht.

Vom klugen Kater und den törichten Affen

Fabel aus Indonesien

Vor einem Haus lag ein Kater und döste in der Sonne. Da kamen plötzlich vier wilde Affen herbeigeturnt, hopsten um ihn herum und versuchten, ihn mit ihren groben Späßen zu ärgern. Der Kater ärgerte sich, denn es tat ihm um sein behagliches Mittagsschläfchen Leid, aber er ließ sich nichts anmerken. So sagte er mit betont beiläufiger, müder Stimme: „Mich könnt ihr nicht aus der Ruhe bringen. Tobt nur herum, so viel ihr wollt. Wenn ihr nur von der großen Glocke dort am Baum wegbleibt. Wenn ihr die nämlich anschlagt, wird mein Herr sehr böse. Und dann Gnade euch Gott." Damit zeigte er auf ein großes, rundes Ding, das im Garten an einem Baum hing.

Doch die übermütigen Affen ließen sich nicht beeindrucken. „Pah, was soll denn schon an dieser blöden Glocke so besonders sein?", feixten sie.

„Es ist eine ganz außergewöhnliche Glocke. Nur an hohen Festtagen lässt mein Herr sie läuten. Wenn ihr die auch nur anrührt, wird es euch schlecht ergehen." Während er so sprach, begab sich der Kater in aller Seelenruhe über eine Leiter aufs Dach, um die Affen aus sicherer Entfernung zu beobachten.

Kaum aber hatte er ausgesprochen, war die Affenbande auch schon in den Garten gestürmt, und der erste Affe schlug mit einem langen Stock kraftvoll gegen die außergewöhnliche „Glocke“.

Diese war aber in Wahrheit ein Wespennest. Aufgestachelt durch die Affen strömten die wild gewordenen Wespen aus dem Loch ihres Nestes und stürzten sich in gefährlichem Schwarm laut surrend auf die ahnungslosen Übeltäter.

Unter fürchterlichem Gekreische flohen die übertölpelten Affen in den Wald, bis sie ihre Peiniger endlich in einem Bachlauf abschütteln konnten.

Der Kater aber streckte sich genüsslich wieder in der Sonne aus.

Kleine Katzenkunde

von Gaby Falk

Die Rassekatze nutzt zum Kratzen
Den Stammbaum nur und wetzt die Tatzen

Der Wohnungstiger tigert mehr
Dem Kissenpanther hinterher

Am liebsten schläft die Schmusekatze
Auf Frauchens weicher Bettmatratze

Schiffskatzen lieben die hohe See
Die Maikatze tanzt nicht im Schnee

Im Mietshaus wohnt die Miezekatze
Es strickt gern die Angorakatze

Die Hauskatze maust nur zu Haus
Die Manx frisst schwanzlos ihre Maus

In Teheran die Perserkatze
Schärft auf dem Perser nur die Tatze

Die Zuchtkatze im Zuchthaus wohnt
Bei manchem Züchter sie auch thront

Die Tigerkatze schrie am Ganges
Und ausgesprochen indisch klang es

Die Meerkatze schwimmt nicht im Meer
Die Schneekatze raupt hin und her

Die Wildkatze frisst Wild aus Dosen
Die Siamkatze liebt die Posen

Der Morgenkater schnurrt am Tag
Mit Katzenjammer er dich plagt

Die Straßenkatze paart sich gerne
Selbst in dem Schein der Gaslaterne

Die Kamika(t)ze lässt sich fallen
Und braucht dafür noch nicht mal Krallen

Die Legende vom heiligen birmanischen Kater

nach einer Sage aus Birma

Einst gab es in Birma im Dorfe Lao-Tsun einen Tempel, in dem die goldene Statue der göttlichen Königin Tsun-Kyan-ksee stand. Ihre wunderschönen Augen waren aus zwei großen Saphiren geschnitzt und die Menschen kamen herbei, nur um die Statue zu berühren.

Zur gleichen Zeit verbrachte der große Priester Mun-Ha in dieser heiligen Stätte seine Zeit mit Beten und Meditieren. Er wurde dabei immer von seinem Lieblingskater Sinh begleitet, der ein weißes Fell und topasfarbene Augen hatte. Als Mun-Ha eines Tages direkt unter der Statue der göttlichen Königin von Räubern getötet wurde, setzte sich der Kater Sinh auf den leblosen Körper seines Herren.

Als die Göttin dies hörte, war sie so gerührt, dass sie dem Kater ein seidiges, goldfarbenes Fell schenkte, das die gleiche goldene Farbe hatte wie die Tempelstatue. Auf seine Schnauze, seine Pfoten und den Schwanz malte sie erdbraune Flecken, und zum Schluss verwandelte sie seine topasfarbenen Pupillen in Saphire.

Da der Kater noch immer nicht von dem heiligen Mann gewichen war und seine Pfoten diesen noch berührten, konnte sie nur die äußeren Enden der Tatzen färben – in der symbolischen Farbe der Reinheit.

Seitdem sehen alle birmanischen Katzen so aus wie der treue Kater Sinh.

Wusstet ihr das?

In Europa hörte man erst im 20. Jahrhundert von birmanischen Katzen. Die Rasse wurde mit siamesischen und persischen Katzen vermischt, bevor sie 1925 offiziell als eigenständige Rasse anerkannt wurde.

Aberglaube

von Gaby Falk

Wenn schwarze Katzen – beiderlei Geschlechts
Die Straße Dir kreuzen – von links nach rechts,
Wenn dann noch die Glocke Mitternacht schlägt
Und manch garstige Hexe der Besen trägt.

Dann musst Du nicht bangen – dann hab keine Angst.
Du kannst Dir die Flüche ersparen:

Sie tun's nur, um sich zu paaren!

Christenpflicht

von Gaby Falk

Eine Katze lag, laut schnurrend,
auf dem Schal vom Herrn Pastor.
Selig spann sie Katzenträume.
Manchmal zuckte leicht ein Ohr.

Ganz behutsam zog der Pfarrer
schon mal seinen Mantel an,
dann die Handschuh' und die Mütze –
an den Schal kam er nicht ran.

Denn der lag mitsamt der Katze
flauschig auf dem Canapé.
Draußen knirschte streng der Winter.
Auf den Straßen fror der Schnee.

Auf dem Weg zum Hause Gottes
fror auch unser frommer Mann.
Mit vor Kälte steifen Gliedern
kam er in der Kirche an.

Von der Kanzel, hoch im Raume,
Hub er seine Predigt an.
Mit vor Schmerzen rauer Stimme
krächzte unser Kirchenmann:

„Menschen, achtet ALLE Tiere.
Dies ist eure Christenpflicht!
Doch vor allem, merkt euch eines:
Schlafende Katzen stört man nicht!“

Jedes Katzentier
ist ein Meisterstück
der Natur.

Leonardo da Vinci

Naschkatze

Geht eine Katze in ein Eiscafé und bestellt sich ein Schokoladeneis.

Als sie den Laden verlässt, sagt eine Kundin zum Kellner: „Das ist aber außergewöhnlich!“

Der Kellner nickt: „Stimmt, sonst bestellt sie immer Erdbeereis!“